哲言 × 哲學 × 哲人 × 哲理

民初北大

張祥斌,閆哲美 主編

那些大家的人生智慧

從文人風采到現代思想,大師們的學術成就與生活哲理

愛情詩人徐志摩、幽默大師林語堂、畫壇伯樂徐悲鴻
文壇魁首劉半農、散文名家朱自清、文化雜家周作人、美學大師朱光潛

跨越時代的哲學對話,大師們的思想永續傳承
百年學府思想精髓,點亮現代學術的求索之路
文采與人格並重,北大精神指引現代學術道路,重拾真理追求

目錄

前言

哲言：語不驚人死不休 —— 大師們的「驚世之言」

愛情詩人徐志摩 …………………………………… 008

「天下第二」的林損 ………………………………… 015

「大砲」傅斯年 …………………………………… 021

為莊子而跑的劉文典 ……………………………… 029

哲學狂者熊十力 …………………………………… 037

幽默大師林語堂 …………………………………… 044

最後的儒家梁漱溟 ………………………………… 051

文學大師沈從文 …………………………………… 058

哲學：世事洞明皆學問 —— 工作中的另類哲學

鐵肩辣手邵飄萍 …………………………………… 068

辜鴻銘的辮子 ……………………………………… 075

北大怪才黃侃 ……………………………………… 082

錢玄同的小木戳 …………………………………… 088

馬幼漁的「女權至上」 ……………………………… 095

畫壇伯樂徐悲鴻 …………………………………… 101

目錄

交友遍天下的胡適⋯⋯⋯⋯⋯⋯⋯⋯⋯⋯⋯⋯109

厚今薄古的范文瀾⋯⋯⋯⋯⋯⋯⋯⋯⋯⋯⋯117

百度之父李彥宏⋯⋯⋯⋯⋯⋯⋯⋯⋯⋯⋯⋯122

哲人：天生我材必有用 ── 才智卓越的北大名人

學術名家劉師培⋯⋯⋯⋯⋯⋯⋯⋯⋯⋯⋯⋯130

嚴復譯著《天演論》⋯⋯⋯⋯⋯⋯⋯⋯⋯⋯138

文壇魁首劉半農⋯⋯⋯⋯⋯⋯⋯⋯⋯⋯⋯⋯144

北大之父蔡元培⋯⋯⋯⋯⋯⋯⋯⋯⋯⋯⋯⋯152

散文名家朱自清⋯⋯⋯⋯⋯⋯⋯⋯⋯⋯⋯⋯160

蔣夢麟笑說北大「功狗」⋯⋯⋯⋯⋯⋯⋯⋯168

文化雜家周作人⋯⋯⋯⋯⋯⋯⋯⋯⋯⋯⋯⋯176

北大教授季羨林⋯⋯⋯⋯⋯⋯⋯⋯⋯⋯⋯⋯184

哲理：粉身碎骨渾不怕 ── 使人的精神新生的理論

不屈的鬥士魯迅⋯⋯⋯⋯⋯⋯⋯⋯⋯⋯⋯⋯192

愛讚美學生的沈兼士⋯⋯⋯⋯⋯⋯⋯⋯⋯⋯199

史學名家顧頡剛⋯⋯⋯⋯⋯⋯⋯⋯⋯⋯⋯⋯205

絕不馮友蘭的天地境界⋯⋯⋯⋯⋯⋯⋯⋯⋯212

美學大師朱光潛⋯⋯⋯⋯⋯⋯⋯⋯⋯⋯⋯⋯219

前言

　　西元 1917 年，有這樣一群年輕人，他們比在校的大學生大不了幾歲。徐悲鴻，23 歲；梁漱溟，25 歲；胡適，27 歲；劉半農，27 歲；劉文典，27 歲；林損，27 歲……年紀稍微大一些的，劉師培，33 歲；周作人，33 歲；陳獨秀，38 歲……然而他們的名字卻響徹大江南北，有些人的名氣即使在國際上也如雷貫耳。

　　二三十歲的年齡，我們中的大部分人不是苦苦掙扎在求職的道路上，就是「啃老一族」，而我們前輩們已經成為大師了。看著這些驚人的數字，真讓我們當代的年輕人無地自容。這也讓我們再一次想起錢學森的世紀之問──為什麼我們的學校總培養不出傑出的人才？這一振聾發聵之問，是向每一個有憂患意識的人提出的。

　　回想老北大，諸多名家各領風騷，鮮活的人物個性，讓人喜愛，也令人感慨。老北大用人有一個特點：英雄不問出處，不論文憑學位，只要有才學就可以上北大講壇，當年蔡元培先生肯為年輕人提供大舞臺，現今已不復可得了。也虧了那個「城頭變幻大王旗」的年代，能容得下他們，才有大師各具不同的真性情流露。

　　時過境遷，當今的學術界卻日漸沉淪，追逐名利，一切向錢看，處處都有潛規則！到處阿諛奉承，歌功頌德，毫無文人氣魄可言。「我們的一些大學，包括北京大學，正在培養一些『精緻的利己主義者』，他們高智商，世俗，老到，善於表演，懂得配合，更善於利用體制達到自己的目的。這種人一旦掌握權力，比一般的貪官汙吏危害更大。」這是著名教

前言

　　授錢理群在《理想大學》專題研討會上的演講。這段話被參會嘉賓上傳到網路上後，迅速被轉發 3.5 萬次，隨後又引起無數人的共鳴。

　　北大名人輩出，群星燦爛，我們也只能篩選一些有影響力的代表人物，對他們的生平做一簡單的描述。同時，我們也有意無意地迴避了一些事情。我們高談北大的輝煌，卻不願觸及北大的悲壯。老北大的歷史越燦爛，名人越多，越暴露出現今北大的種種不足、諸多矛盾和陰暗面！當一些人人為地提高北大的名氣和地位時，卻無意間露了內心的怯。回想那些逝去的歲月和遠離塵世的大師們，更為當今的大學教育感到痛心疾首。

哲言：語不驚人死不休

—— 大師們的「驚世之言」

愛情詩人徐志摩

　　世上有永恆的愛情，但沒有凝固的愛情。愛情是一條河，它的源頭必須有足夠的水源，才能永遠奔流不息。這水源產生於兩人的情感交流和融合，產生於雙方對愛情理解的昇華與深化。如果女人不以自己的靈魂吸引男人的靈魂，而是拚命美化自己的外表來吸引男人的感官，那麼吸引來的也只是一個以欣賞低層次感官為主的男人，無法用內在的吸引力來留住男人。如果愛情再進一步，走到婚姻階段，更不是那麼簡單，而是兩個人的個性習慣要長期地生活在一起，因此雙方都需要考量是否能夠接受對方的個性習慣。徐志摩與林徽因，有愛情之花卻無婚姻之果，這也緣於兩個人對愛情和婚姻追求上的不同。

　　西元 1925 年夏天，徐志摩（西元 1897～1931 年）與陸小曼的結婚儀式正在熱鬧地進行，賓客歡聚一堂，分享著新人的幸福。證婚人梁啟超注視著新郎和新娘，說出了一段令人咋舌的祝婚詞：「徐志摩，你這個人性情浮躁，所以在學問方面沒有成就，用情不專，以致離婚再娶；陸小曼，你也是過來人，離過婚又重新結婚，也是用情不專。希望你們不要一錯再錯自誤誤人，不要以自私自利作為行事的準則，不要以荒唐和享樂作為人生追求的目的，不要再把婚姻當作是兒戲，以為高興可以結婚，不高興可以離婚，讓父母汗顏，讓朋友不齒，讓社會看笑話……」徐志摩不得不小聲哀求：「先生，給學生留點臉面吧。」梁啟超也覺得話有些過重，就順勢收住了嘴，慈愛地說：「以後你們倆個人要痛自悔悟、重新做人！願你們這次是最後一次結婚！」

一年前,徐志摩與北京名媛陸小曼認識後,兩個人立刻陷入熱戀中,無奈陸小曼已是有夫之婦。隨著兩個人感情漸深,都有「相見恨晚」之感。在歷盡周折之後,陸小曼離婚了,兩個人終於走在一起。徐志摩的父親對兒子草率的婚姻態度卻極不滿意,他雖然勉強答應陸小曼與徐志摩的婚事,但提出了三個條件:一、結婚費用自理,家庭概不負擔;二、婚禮必須由胡適做介紹人,梁啟超證婚,否則不予承認;三、結婚後必須南歸,安分守己過日子。這三條徐志摩都答應了。這就出現了結婚儀式上梁啟超痛斥徐志摩、陸小曼的一幕。

其實梁啟超也反對徐志摩與陸小曼之間如同兒戲的戀情,也規勸過徐志摩,礙於徐志摩之父和胡適的情面,梁啟超才答應擔任證婚人。但在婚禮上梁啟超卻對徐志摩、陸小曼用情不專厲聲訓斥,一點情面不留,使滿堂賓客瞠目結舌。

和所有的愛情作品一樣,男女主角歷盡艱難結婚後,故事就結束了,沒看頭了。徐陸的婚姻也如此!幸福是短暫的,痛苦卻來得很快,婚後陸小曼與徐志摩在性格上的差異逐漸顯露出來。婚後的陸小曼全沒了當初戀愛時的激情,似乎不再是一個有靈性的女人。她每天懶散到午後才起床,下午寫寫畫畫或者見幾個朋友,晚上大半是跳舞、打牌、聽戲,成為一個懶散的家庭婦女。徐志摩常常婉轉地勸告陸小曼,但效果不大。後來,徐志摩的父親出於對陸小曼極度不滿,在經濟上與他們夫婦一刀兩斷。徐志摩不得不同時在光華、東吳、大夏三所大學講課,課餘還趕寫詩文,以賺取稿費貼補家用,即便如此,仍不夠陸小曼揮霍。徐志摩的不幸也正緣於這段草率的婚姻,所以也奉勸大家,愛情和婚姻是不一樣的。愛情浪漫無限,婚姻則是柴米油鹽醬醋茶,千萬別被衝動的愛情迷惑了雙眼,草率結婚。

> 哲言：語不驚人死不休─大師們的「驚世之言」

　　西元 1930 年秋，徐志摩應胡適之邀，再次出任北京大學教授，兼北京女子師範大學教授。徐志摩北上的同時，極力要求陸小曼也隨他北上，幻想著兩個人到北京去開闢一個新天地，陸小曼卻固執地拒絕了。徐志摩只好一個人獨來獨往。西元 1931 年 11 月 19 日，徐志摩為了趕上林徽因當天晚上的一場演講，迫不及待地搭乘了一架郵政機飛往北京。登機之前，他傳了一則訊息給陸小曼：「徐州有大霧，頭痛不想走了，準備返滬。」但最終他還是走了。因大霧影響，飛機在濟南黨家莊附近觸山爆炸，徐志摩身亡。徐志摩死後，陸小曼痛悔不已，她在書桌前寫下「天長地久有時盡，此恨綿綿無絕期」，從此不再出去交際。很多人的感情，都在失去對方後才知道可貴，這也許是人的通病吧。

　　年富力強、創作力旺盛的徐志摩帶著無限的留戀離去了，給後人留下無盡的長嘆。這位才華橫溢的愛情詩人是西元 1917 年進入北大就讀的。在北大，他的生活增添了新的內容，他的思想注入了新的元素。在這高等學府裡，他不僅鑽研法學，而且攻讀日文、法文及政治學，並涉獵中外文學，這燃起他對文學的濃厚興趣。這一時期徐志摩廣交朋友，結識名流，由人介紹，他拜梁啟超為老師，還舉行了隆重的拜師大禮。梁啟超對徐志摩的一生影響是非常大的，他在徐志摩的心目中的地位是舉足輕重的。梁徐雖是密切的師徒關係，但他們二人的思想差異還是存在的，已經接受了民主自由思想的徐志摩，他不顧一切，捨命追求他的理想的人生，包括他要爭取婚姻戀愛自由。

　　西元 1921 年，徐志摩去英國留學，入倫敦劍橋大學當特別生，研究政治經濟學。在資本主義發達的英國，徐志摩接受了西方教育及歐美浪漫主義和唯美派詩人的薰陶，對他的創作產生深刻影響。在緊張的學習

生活中，詩人如醉如痴地欣賞著異國的風景和另類的異國美女，雖然他已經結婚，但是他那顆活力四射的心卻在異樣地跳動。直到有一天，他看到了隨同父親來到倫敦的才女——林徽因，他的一生就此改變。

徐志摩瘋狂地愛上了「人豔如花」的美女林徽因，並在西元1922年3月向原配夫人張幼儀提出離婚。然而，林徽因仔細考慮了之後，卻拒絕了詩人的追求，不久匆匆離開英國，後來嫁給了梁啟超的兒子梁思成。林徽因沒嫁給徐志摩，當然是有原因的，以身世而論，林家是名門，徐家不過是當地有錢的商人。再者，兩人相差8歲，徐結過婚，且有一子，林還是個女孩。但是，林徽因並非沒有動心，她幾乎就同意了徐志摩的求婚，然而，婚姻和愛情不可兼得，兩個人還是沒能牽手，林徽因一生都很懷念她與徐志摩的這段感情。林徽因是明智的，她覺得徐志摩愛上的只是完美的她，是詩人眼裡的美的化身，這就會給她的一生帶來沉重的壓力，所以選擇了踏實沉穩的梁思成。

林徽因離開了倫敦，讓詩人徐志摩十分傷感。在他寫給林徽因的那首有名的〈偶然〉詩中：

我是天空裡的一片雲，偶爾投影在你的波心，你不必訝異，更無須歡喜。在轉瞬間消滅了蹤影，你我相逢在黑夜的海上，你有你的，我有我的方向。你記得也好，最好你忘掉，在這交會時互放的光亮。

這是徐志摩對林徽因感情的最好的自白，一見傾心而又理智地各走各的方向，這就是世俗所難理解的純情。

沒有了林徽因的倫敦，也失去了絢麗的色彩和歡歌笑語。西元1922年，徐志摩匆匆結束在英國的留學生活，循著林徽因的足跡回到國內。他流連在林徽因出現的所有場所，為的是一睹她的芳澤。2年後，徐志

哲言：語不驚人死不休──大師們的「驚世之言」

摩進入北大擔任教授。就在這個時候，一個重要人物的到來讓他全身心投入其中，慢慢地將對林徽因的感情壓抑在內心的最深處，不許它有半點氾濫。

這個大人物就是印度大詩人泰戈爾（Rabindranath Tagore），徐志摩聽說他要訪華，非常開心，他是真心崇拜泰戈爾，可以說沒有一絲雜念。在泰戈爾來華前，他儼然是泰戈爾的中國使者：他頻繁地與泰戈爾通訊，安排他來華的具體細節，一有機會就宣傳泰戈爾。他在報刊上發表一系列的文章，與其他歡迎者一起努力營造出熱烈的歡迎氣氛，然後自豪地寫信告訴泰戈爾：「我們已準備妥當以待尊駕蒞臨。」

可能就是因為這種極端的崇拜，徐志摩沒能向中國人客觀介紹泰戈爾，而是帶有強烈的個人情緒，從而使人看不到泰戈爾的真面目而產生精神上的隔閡。泰戈爾在中國到處宣傳以愛對抗暴力，大談精神文明、博愛主義。這在革命者看來就是在消磨人們的革命意志，所以覺得有必要重申自己的觀點，以消除泰戈爾的宣傳所造成的負面影響。中國文化界因泰戈爾的到來迅速分成兩個戰線分明的陣營：一方是五四新文化運動的捍衛者和左翼文化人士，包括陳獨秀、郭沫若、茅盾、瞿秋白、吳稚暉、林語堂等，要「激顏厲色送他走」；另一方則以梁啟超、徐志摩、胡適等為代表，千方百計為他辯護，一時間唇槍舌劍，一場空前的輿論鏖戰。徐志摩對泰戈爾受到激烈的批評當然感到非常憤怒，但他始終都沒明白自己應承擔的一定責任，這是他性格的悲劇，也是其思想的悲劇。可以說，無論是在精神上、思想上還是在性情上，泰戈爾都是徐志摩一生最為崇拜的偶像，也是他最知心的朋友。

泰戈爾走後，徐志摩又恢復了往日的平靜，他每日教學之餘，就四

012

處交友，或者去咖啡廳裡找靈感。這期間，他也結識了幾個非常優秀、年輕貌美的才女，可惜詩人偏偏都錯過了好姻緣。直到他遇到陸小曼，兩個人就像「老房子著了火」一樣，一發不可收拾。愛的驚天動地，愛的死去活來，最後兩個人終成眷屬，但是結局卻那麼悽慘，讓人不忍回顧。

詩壇巨星英年早逝，噩耗傳來，震驚了海內外，胡適連呼：「天才橫死，損失的是中國文學！」在他的許多朋友中，無論師輩的梁啟超、同輩的郁達夫，還是晚輩的沈從文等，沒有一個不讚賞佩服他的才華和品行的。正如沈從文所言：「他那種瀟灑與寬容，不拘迂，不俗氣，不小氣，不勢利，以及對於普遍人生方匯百物的熱情，人格方面美麗放光處，他既然有許多朋友愛他崇敬他，這些人一定會把那種美麗人格移植到本人行為上來。」從沈從文的字裡行間，足見徐志摩的人格魅力所在。

徐志摩在濟南乘飛機遇難後，林徽因的丈夫梁思成立即趕去處理後事。他知道妻子與徐志摩友誼深厚，時常牽掛著徐志摩，特地帶回一塊飛機上的燒焦了的木片。林徽因將這塊木片一直掛在臥室床頭的牆上，直到她去世後梁思成才取下。在林徽因寫的一篇紀念徐志摩去世四週年的文章中說：「如果那時候我的眼淚曾不自主的溢位睫外，我知道你定會原諒我的。」

作為中國現代文學史上著名的詩人，徐志摩可以說是新詩的詩魂，人稱「詩哲」、「詩聖」並不過分。茅盾說徐志摩既是中國的布林喬亞（bourgeois）的「開山詩人」又是「末代詩人」，他以後的繼起者未見有能與之並駕齊驅的。他的新詩可堪千古絕唱，他的行為與品格也同樣受到同人、朋友、學生的讚賞與愛戴，他對愛情的執著追求雖為文壇風流佳

哲言：語不驚人死不休──大師們的「驚世之言」

話，亦留有諸多遺憾，但他那天真無邪，崇尚自由、平等、博愛的人道主義情懷，追求人生真諦的精神是驚天地、泣鬼神的。

徐志摩撒手而去，又似乎沒有走遠，他那顆追求愛情的心臟依舊在跳動，他的情詩依然在觸動著所有熱戀中的男女：

走著走著，就散了，回憶都淡了；

看著看著，就累了，星光也暗了；

聽著聽著，就醒了，開始埋怨了；

回頭發現，你不見了，突然我亂了！

我們都知道，愛情與事業是一個人必然面臨的人生課題，因此很有必要進行一番討論和思考。甜蜜和諧的愛情具有神奇迷人的魅力，給予人光明和力量，可以推動事業，而成功的事業也可以促進完美的愛情。愛情以事業和理念為基礎，事業和理想是愛情的紐帶與源泉，這是前人的生活早已反覆證明的真理。對於立志成才的年輕人來說，他的愛情往往是幸福的，而盲目追求所謂愛情的人，他的愛情之果卻充滿苦澀。同時，愛情需要忠貞，愛情也需要成熟。花到盛開方豔麗，果須成熟才香甜。徐志摩的詩人氣質既成就了他的文學地位，又注定了他在愛情方面的稚嫩。匆匆而就的一段不完美的愛情，也使得他的事業處處受挫。真正的男子漢，失戀不失志；真正的求索者，愈挫愈奮發。愛情一旦干擾了情緒，就會阻礙人奔向既定的目標。偉大的事業能抑制軟弱的感情，堅定不移的志向能幫助人從失戀走向光輝的人生征途，希望當今的年輕人能從這位大詩人的經歷中悟出一些道理。

「天下第二」的林損

　　成功的人可以給出無數條成功的理由，列在首位的就是自信和獨立。很多失敗者恰恰犯了一個相同的錯誤，他們對自身的寶藏視而不見，反而拚命去羨慕別人，模仿別人。殊不知，成功其實就是自信地走自己設定的路。如今的大學完全失去了自信和獨立，拚命地與外國大學接軌，導致國外文憑氾濫成災，大家都爭著去在海外鍍金。不出國唸書拿個學位回來，日後想在學術界「打拚」，實在很難，甚至連中文系學生也得到外國拿個漢學文憑才敢直起腰，這實在讓人傷心。我們的大學缺的就是像林損大師這樣的教授，自信而且獨立，不為外界所擾，扎根中華文化沃土，他的言行的確值得當今的教育界認真思量。

　　有一次，一個勤學好問的學生問林損（西元1890～1940年）「現在國內寫文章最好的人是誰？」林損的回答：「第一，沒有；第二，就是我了。」這就是林損的氣魄，我們可能覺得林損太傲了，但是林損也卻有自傲的資本。周作人在他的《知堂回憶錄》裡談到林損，描寫林損狂和怪是很經典的：一位名叫甘大文的畢業生拿起桌上一本北大三十幾週年的紀念文章，問林損：「林先生看過這冊子麼？裡面的文章怎麼樣？」林損微微搖頭道：「不通，不通。」一般人到此也就停下不問了，但甘君還不肯罷休，翻開冊內自己的一篇文章，指著說道：「林先生，看我這篇怎樣？」林損從容笑道：「亦不通，亦不通。」這位甘君是胡適的弟子，下筆千言，文采非凡，應酬交際功夫也十二分周到，可遇見林損就一敗塗地了。周作人說，林損的態度很是直率，有點近於不客氣。因此，他把

哲言：語不驚人死不休─大師們的「驚世之言」

林損與辜鴻銘、黃侃列為北大三怪人。

據說林損長於記誦，許多古籍都能背誦，詩寫得也很好。但上課經常發牢騷、講題外話，有時信口開河。他講杜甫〈贈衛八處士〉時，竟說：「衛八不夠朋友，用黃米飯炒韭菜招待杜甫，杜公當然不滿意，所以詩中說『明日隔山岳，世事兩茫茫』，意思是你走你的路，我走我的路。」也難為他了，這樣的詩句竟能推斷出杜甫交友的原則，有些讓人啼笑皆非。

林損年輕就很聰明，20歲即任《黃報》編輯，與黃興、宋教仁等宣揚革命；之後又任《新民日報》主編，寫作政論，才華橫溢。在擔任北大教授時，當時的北大校長胡仁源認為他的文學造詣「陳亮、葉適不能過也」。著名西洋文學家吳宓與之久談，「甚佩其人。此真通人，識解精博，與生平所信服之理，多相啟發印證」。但是，在與他同時代的眾多學人的日記中，他又分明是一位恃才傲物、喜歡喝酒罵座、不拘小節的「狂人」、「怪人」，事實果真如此嗎？

西元1914年，林損任北大預科講師，西元1918年升為教授。林損是北大「溫州學派」的人。既然成派，必定有一定勢力。這一派除陳黻宸、陳懷這兩個核心人物外，當時還有林損、林辛、章獻猷、孫詒棫、許璇等溫州人同在北大或任職或執教。林辛是林損的哥哥，與林損同年到北大任教；前清舉人章獻猷曾任民國第一屆國會議員，時為北京大學職員；早年留學日本的孫詒棫是孫詒讓的堂弟，曾任清史館編纂；畢業於東京帝國大學的許璇是農科教授。大家都是來自同一個故鄉，鄉里鄉親的，南方人又很團結，學術觀點也沒大的紛爭，因此就漸漸成了氣候。這種同門、同里、同派系的圈子文化極富中國特色，沿襲至今仍不

乏市場。在我們現在的大學裡，也是如此，校內各派系之間明爭暗鬥。

此時的北大還另有一派，馬幼漁、錢玄同、黃侃、康寶忠、沈兼士等章門弟子濟濟一堂，實力堪稱雄厚。沈尹默曾毫不諱言這是「新舊之爭」。隨著章門弟子的相繼到來，逐漸推崇魏晉文風、注重訓詁考據的學風取代。蔡元培到任後，以章門弟子為代表的「新派勢力」已經很大了。但是，這個時候又有一派橫空出世。隨著陳獨秀、胡適等來北大任教，「文學革命、思想自由的風氣，遂大流行」，引起一番「新舊之爭」。這一回，章門弟子陣營出現分化瓦解，黃侃從原先的「新派人物」淪為舊的勢力。由於林損、馬敘倫等加入國故社，「溫州學派」也被陳獨秀、胡適等視為舊派人物。

直到晚年，胡適還想起「溫州學派」，恐怕就是因為林損。隨著陳黻宸、陳懷相繼離世，林損獨自撐起了北大「溫州學派」的局面，當然還有馬敘倫。這期間，林損與胡適的矛盾顯得頗深，一般都認為林損與胡適矛盾是文言文與白話文、守舊與進步的矛盾。林損在新文化的天地裡已近乎「怪人」。他對學生說：「考試時你們必須用文言文答卷，白話文我一概不看。」林損「昌言復古」，事實上並不這麼簡單，他與胡適分歧，更多的是在學術、政見方面。兩個人因學術而結怨，鬧得很不愉快。

但林損處於激流漩渦之地，面對種種醜惡現象，他不甘心沉默。西元1925年，政府停辦北京女子師範大學，僱用流氓女丐毆打拖拽學生出校。師生在校外重新開學，林損與魯迅等一眾，每週去女師大義務兼課四時，講授兩種功課。5月7日，北京學生舉行國恥紀念會，被警察打傷和逮捕，對這種「蹂躪學生」行為，林損義憤填膺，寫了〈訊章〉一文，揭露教育管理部門「彌傲彌諂，彌好名而彌無恥」的面目。次年，北京又

哲言：語不驚人死不休—大師們的「驚世之言」

發生了震驚國內外的鎮壓反帝愛國的學生、群眾的「三一八慘案」，他寫了〈丙寅三月十八日即事〉，抒發悲憤譴責之情。從這裡可以看出，林損在思想上和行動上並不落後，他更多的是痛感傳統文化的喪失。

西元1927年春，東北大學校長邀請他到瀋陽任教，他與黃侃欣然同往。張學良出任東大校長後，經常輕裝至校，在別墅招待全體教授。他很欽佩林損的學問人品，常邀他探討學術，兩人「情誼甚篤」。兩年後，林損又回到北京大學。西元1930年11月，受北京大學校長蔣夢麟聘請，胡適到北大文學院兼任院長。胡適是宣傳新思想、甚至大力倡導白話文的學者，不可避免的工作接觸，導致兩方面的衝突，也就勢所難免。當時的北大國文系，是老學者馬幼漁主持，教授有以舊學為業的林損、許之衡等人。文學院院長將由胡適兼任的消息傳出後，國文系一干人大為不滿。系主任馬幼漁、教授林損、許之衡等相繼辭職。這其中，林損尤其表現突出。他不僅寫出語帶憤怨、嘲諷的信件給胡適，還向校長蔣夢麟發信抗議。

矛盾很快激化，最後林損去辭，在北大引起軒然大波。他寫信給胡適有「尊拳毒手，其寓於文字者微矣」之句，令胡適也大感氣憤。然而北大「溫州學派」的沉沉浮浮，怎一個「新舊之爭」能囊括。也許這就是所謂的歷史潮流吧。文化潮流大勢，順應的興盛，阻礙的難免有所損傷。胡適曾不無悲痛地說：「中國文學系的大改革在於淘汰掉一些最無用的舊人和一些最不相干的課程。」

兩人的衝突並沒有因為林損離開北大而宣告結束，反而日漸加重。西元1934年4月，北平的《世界日報》上，刊出林損的一封名為〈致北大文學院長兼國學系主任胡適〉的函件。通篇看去，言辭雖因文言及用

「天下第二」的林損

典而顯得隱晦，可意思還是明白的。那就是控訴自己遭到胡適打擊，忿憤異常。其中「教授雞肋，棄之何惜！」一句，因形容別緻，傳誦一時。

抗日戰爭爆發後，林損返歸老家瑞安，閉門不出。西元1940年8月26日，林損因肺病去世，終年50歲。瑞安舉行了規模盛大的公祭大會。民國政府主席林森頒令褒揚，曰：「前國立北京大學教授林損性行英邁，學術湛深，曩年參加革命，奔走宣傳，不辭艱苦，嗣即努力教育，潛心著述，於政學理，多所闡揚，夙為後進欽響。」張學良則親筆書寫輓幛「人師、經師、國學大師」，表示深切哀悼。

事實上，胡適原本與林損關係還並不怎麼壞。在林損去世前的一個月，胡適在劉半農的追悼會上演講時說：「我與半農皆為以前『卯字號』人物，至今回憶起這段故事，頗令人無限傷感。緣半農與陳獨秀、林損及我皆為卯年生，我們常和陳獨秀、錢玄同先生等在二院西面一間屋裡談天說笑，因此被人叫做『卯字號』人物……叫我和半農、林損諸人為『小兔子』。現在我們『小兔子』的隊伍，逐漸凋零了。」言辭中，對林損充滿了眷顧之意。等到這些話傳到林損耳中時，林損已經病入膏肓，二人的矛盾至死也沒有化開，空留餘恨。

林損的能力有目共睹。當時的北大，思想曾激烈對立的大有人在，但是林損卻無奈地離開北大，的確有自身待人接物的不足之處。我們身處職場，有著自己的長處和優勢，平時就要學會保護自己，既要跟上團隊的步伐，也要維護好自己的人際關係，讓自己時刻處於安全狀態。有能力的人總是大家崇拜和尊敬的對象，但是在職場上單單只是有能力，而沒有其他修養或不善於處理人際關係的人，相信再有能力也會讓別人從內心裡產生不願意接近的想法，這一點相信大家都能心領神會。我們在工作中也能遇到這樣的情形，特別是在大公司裡面總會有些「神人」，

他們或者專業技能出眾，或者業績遙遙領先於其他同事，或者是公司的幾朝元老等等，由於這些人沒能客觀的對待形勢發展的需要以及平時總是忽略群眾的力量，在職務提升或者去留的關鍵時刻沒有支持者，也沒有主持正義的人，不能不說是一種遺憾。

「大砲」傅斯年

在一個團隊裡，必然會有臺前和幕後之分，有龍頭和虎尾之別，不可能都站在顯要處，不可能人人都是主將。如果說當主將需要知識、才華、能力，當副手更需要胸懷、策略和智慧。因此，應學會打出自己做人的品牌，並且讓自己的才智閃光，讓上司和下屬在你身上看到成功的希望。傅斯年有多次機會做北大校長，但是他甘於「寂寞」，盡心盡力輔佐胡適，這需要一種豁達，一種氣度，更需要一貫的修練。不亢不卑才能神智清醒；不貪不沾才能坦坦蕩蕩；不吵不鬧才能有所作為；不哀不怨才能忘記小我。

據說傅斯年（西元 1896～1950 年）在歐洲留學時，與陳寅恪、羅家倫、宗白華等同在德國。有一天晚上，傅斯年一行走進柏林一家華僑開的飯館，無意中和周恩來等人相遇，打過招呼後，雙方同在一桌吃飯。由於觀點不同，雙方馬上就爭論起來。周恩來頗為雄辯，傅斯年等人都說不過他，惱羞成怒中傅斯年放下麵包，朝對方離得最近的一個人掄拳便打。沒想到周恩來這一方竟然能文能武、驍勇善戰，頃刻間就占了上風。傅斯年號召大家緊急撤退，他因為太胖，動作慢了一點的不幸捱了幾拳。

傅斯年身高體胖，脾氣大，在學者中間是十分有名的。他對自己胖的辯詞，更是精闢。一次羅家倫問他：「你這個大胖子怎麼能和人打架呢？」傅斯年答：「我以體積乘速度，產生一種偉大的動量，可以壓倒一切！」回顧傅斯年的生平，這句話的確是他一生的寫照，他確實具有一

哲言：語不驚人死不休─大師們的「驚世之言」

種壓倒一切的力量和氣勢。

在北大求學時，傅斯年、羅家倫、汪敬熙、毛子水等20餘名學生，自發創立起校內第一個響應另類文化運動的學生團體──新潮社，並創辦《新潮》雜誌，胡適應邀擔任該雜誌顧問。在胡適或明或暗的運作下，新潮社得到了北大每月400塊大洋的公款資助。自此，以傅斯年為首，公開為新文化派搖鼓助威，以達到把劉師培、辜鴻銘、黃侃等經學大師徹底推倒的目的，影響力十分大。由此可見，沒有經濟基礎支撐的活動，還真難以與傳統抗衡。國故派們眼見對方勢力大增，在黃侃親自指揮下，很快弄出了一個稱做《國故》的雜誌，以維護傳統文化為己任，與《新潮》對抗交鋒。未久，北大文科學生張國燾、許德珩又創辦《國民》雜誌，搖擺於新舊兩派之間。一時間，北大校園內風雲際會，各種文化思潮相互碰撞、激盪、融合，終於引爆了20世紀初中國思想界的第一聲驚雷。

西元1919年5月4日，北京爆發了中國歷史上最著名的大規模反帝愛國學潮。北京大學豪傑四起，猛士如雲。傅斯年這隻「富於鬥勁的蟋蟀」作為北京學生遊行隊伍總指揮，肩扛「還我山東，還我青島」字樣的大旗，率部衝出校園，一路浩浩蕩蕩向天安門奔來。在廣場集結並宣示口號示威後，大隊人馬又轉赴東交民巷外國使館交涉。帝國主義者卻蠻橫阻止，北京街頭熱切的期盼頓時變成了聲聲怒吼。在傅斯年引領下，遊行隊伍又轉赴趙家樓，以滿腔的愛國熱情與悲憤心境，痛毆了賣國漢奸曹汝霖，一把火燒了趙家樓，從此，傅斯年在中國學生運動史上留下了大名。

趙家樓的沖天火光映紅了古老的京都，朝野為之震動，社會各階層

紛紛起而仿效，工人罷工、商人罷市，給予極大聲援。驚恐中的北洋政府在調集大批軍警鎮壓的同時，做出了查封北大，懲辦校長蔡元培的舉措。蔡元培於危難之際沉著果敢地與政府官僚周旋，以減緩各方壓力，安撫學生，勸其復課。同時聯絡平津地區的國立大學校長為營救被當局逮捕的學生奔走呼號。當被捕學生全部釋放，被後世譽為「北大之父」的蔡元培為避其鋒銳，於5月8日夜提交辭呈悄然離京，遠走他鄉。蔡元培走了，北洋政府認為北大的「匪氣」似乎也就低落了，學潮漸漸平息，北大幸而保全。

激進的傅斯年本來是黃侃的得意弟子，按理說應該站在守舊派一邊的，但一次偶然機緣，傅斯年竟「背叛」師門，成了胡適的學生。胡適剛到北大教中國哲學史的時候，因為講授方法和內容特別，在學生中引起不小的爭議。有人認為胡適遠不如國學大師陳漢章，想把他趕走；有人則認為，胡適讀的書雖然沒有陳漢章多，講課卻頗有新意。傅斯年不是哲學系的學生，但在同室顧頡剛的鼓動下去旁聽了幾次胡適的課。結果聽完之後非常滿意，於是傅斯年對哲學系幾位要好的同學說：「這個人書雖然讀得不多，但他走的這條路是對的。你們不能鬧。」由於傅斯年在同學中很有威信，他既然發話了，大家都很給面子，年輕的胡適在北大講壇就站穩了腳跟。後來回憶起這段日子時，胡適感慨地說：「我這個二十幾歲的留學生，在北京大學教書，面對著一班思想成熟的學生，沒有引起風波；過了十幾年以後才曉得孟真暗地裡做了我的保護人。」

傅斯年的一生，跌宕起伏，充滿了傳奇色彩。這個有著「老虎」、「大砲」綽號的歷史學家，被稱之為「天才」的人，是胡適最為器重的學生。傅斯年是「一個頭大臉大的大塊頭」，似乎永遠是那麼滿頭大汗，說不上

哲言：語不驚人死不休——大師們的「驚世之言」

三句話，便要掏出一方潔白的手巾，揩抹他的汗珠。因此，朋友們都稱他為「傅胖子」。

傅斯年確實胖的有點出格，因為體重他還出過一次笑話。有一次，傅斯年和李濟、裘善元在重慶一同參加一個宴會。宴會結束，主人為他們僱好六個滑竿工人，好抬他們回家。裘善元首先走出去，他是個大個子，看起來有些胖，6個滑竿工人一見便互相推讓，都想抬下一個體輕一點的，能省點力氣。其中2個人輩分低，不敢力爭，只好滿懷怨恨地抬著裘善元先行離開。不久，李濟走出來，看起來比裘善元還要胖一些，剩下的四個工人於是又一番推讓，又有兩個人極不情願地抬著李濟走了。等到傅斯年走出來，猶如一座山，把剩下的兩個工人嚇呆了，剛才的那兩個胖子和他一比真是小巫見大巫了，抬他的這兩個工人可能都後悔的要跳樓。

西元1928年，受蔡元培先生之聘，傅斯年籌辦中央研究院歷史語言研究所。傅斯年任歷史語言所所長23年，培養了大批歷史、語言、考古、人類學等專門人才，出版學術著作70餘種，為歷史語言所的發展做出了重要貢獻。他籌辦了第一次有計畫的殷墟甲骨考古挖掘，先後挖掘15次，大大推動了中國考古學的發展和商代歷史的研究。傅斯年還將明清大庫檔案數據爭取到歷史語言研究所，進行專門整理，使明清史研究取得了突破性的進展。傅斯年在歷史學研究方面，他主張「上窮碧落下黃泉，動手動腳找材料」，重視考古材料在歷史研究中的作用，擺脫故紙堆的束縛，同時注意將語言學等其他學科的觀點方法運用到歷史研究中，取得較高的學術成就，在現代歷史學上具有很高的地位。

西元1944年，傅斯年在參政會上向行政院院長孔祥熙發難，揭發孔

貪汙舞弊，罵他是皇親國戚。事後蔣介石親自請他吃飯。蔣介石問：「你信任我嗎？」傅斯年答：「我絕對信任。」蔣介石說：「你既然信任我，那麼就應該信任我所任用的人。」傅斯年立刻說：「委員長我是信任的，至於說因為信任你也就該信任你所任用的人，那麼，砍掉我的腦袋我也不能這樣說。」後來他分別發表了兩篇文章：〈這樣的宋子文非走開不可〉和〈宋子文的失敗〉，痛批當時行政院長宋子文：「自抗戰以後，所有發國難財者，究竟是哪些人？照客觀觀察，套購外匯和黃金最多的人，即發財最多的人。」硬是把宋子文逼下臺。這是不得了的舉動，敢和宋子文叫板，沒有點策略和真本事還真不行。

抗戰勝利後，不少人推薦傅斯年擔任北京大學校長，傅斯年卻誠心誠意地保舉胡適，又堅決要求到北大當一段時間的代理校長。傅斯年絕對是個仗義的好兄弟，他擔心胡適不忍心得罪人，到哪都是老好人，對有些事下不了狠手。因此他來出頭，親自到北大為胡適任職掃清道路，把那些淪陷時期捨不得離開北京並出任偽職的人員，一個個開除了。「老虎」發起威來誰也無法阻擋。傅斯年在宣告中強調，教師是教育人的，為人師表，更應該先正己再正人，真正做到禮儀廉恥，為學生做志節的表率。對來說情的人，傅斯年說：如果這些人受不到譴責，那麼就太對不起那些跋山涉水到了重慶和昆明的教授和學生了，他們為了民族大義而拋家別子去了大後方，吃不上喝不上的，容易嗎？一句話把說情的人的嘴封得死死的。有一位與傅斯年交誼甚深、研究甲骨文頗有名氣的教授專門去拜訪傅斯年。傅毫不客氣，當面指斥道：「你這民族敗類，無恥漢奸，快滾，不用見我。」周作人就是這個時候被傅斯年開除的。

傅斯年將一個乾乾淨淨的北大交給胡適。面對學生的厚誼，胡適曾

哲言：語不驚人死不休──大師們的「驚世之言」

說「若有人攻擊我，孟真一定挺身出來替我辯護。他常說：『你們不配罵適之先生！』意思是說，只有他自己配罵我。」胡適這樣說是有緣由的，傅斯年和胡適亦師亦友三十年，傅斯年雖然在第一次聽胡適講課時，把胡適問得頭冒冷汗，但在此後的日子裡，傅斯年卻很維護胡適，一直恭恭敬敬的甚至還保護著胡適。

傅斯年確實是個能做實事的人，他到哪裡，哪裡就會有所變化，看來他「壓倒一切」不是吹的。國民政府遷臺後，他被任命為國立臺灣大學校長，他積極「替臺大脫胎換骨」。傅斯年就任臺灣大學校長時說：「第一流的大學，不能徒然是一個教育機關，必須有它的重要學術貢獻；但是，也沒有一個第一流的大學，把它的教育忽略了的。」又說，「大學是一個教授集團，不是一個衙門，按大學法，校長雖然權力甚大，然我為學校前途記，絕不能有極權主義的作風。」為維護大學獨立和學術自由，傅斯年拒絕權貴子弟降格入學。為此，他特地在校長辦公室門上貼上一張字條：「有為子女入學說項者，請免開尊口。傅斯年！」

據說，臺大時期，傅斯年常去找蔣介石要錢，他每去一次陽明山，必定是滿載而歸。蔣介石把傅斯年當作「國師」，時常邀請他吃飯，商議國事。李敖在電視節目中講了一個細節：「到臺灣來以後，有一天，當時的代總統李宗仁到臺灣來，在臺北的松山飛機場要下飛機的時候，蔣介石跑去歡迎李宗仁。在松山機場的會客室裡面，蔣介石坐在沙發上，旁邊坐的就是臺灣大學校長傅斯年。傅斯年怎麼坐的？在沙發上面翹著二郎腿，拿著菸斗，就這樣叼在嘴裡，跟蔣介石指手畫腳講話。其他的滿朝文武全部站在旁邊，沒有人在蔣介石面前敢坐下。憑這一點大家就知道傅斯年在臺灣的地位。」傅斯年是唯一敢在蔣介石面前很從容地蹺起二

郎腿，抽菸斗的人。傅斯年如此坦然，他也尊敬蔣介石，但絕不是畢恭畢敬、唯唯諾諾，他有自己的底線和原則，在精神和人格上與蔣介石是平等的。所以他勇於發表不同的見解，這樣的強硬作風在官場很難得。

西元 1949 年，臺大發生「四六事件」，傅斯年對當局不經法律程序，逕行進入臺大校園內逮捕師生十分不滿，親自找國民黨最高當局交涉，要求逮捕臺大師生前必須經過校長批准。他甚至向當時警備總司令部官員彭孟緝警告：「若有學生流血，我要跟你拚命！」他絕不因為學生的事情而退縮，也不做出賣學生的行為。

西元 1950 年 12 月 20 日上午，傅斯年在臺灣省議會答覆教育行政的諮詢時過度激動，因腦溢血而瘁逝，得年 55 歲。傅斯年逝世後葬於臺灣大學校園，校內設有希臘式紀念亭傅園及「傅鍾」。後來，「傅鍾」成為臺大的象徵，每節上下課會鐘響二十一聲，因為傅斯年曾說過：「一天只有二十一小時，剩下三小時是用來沉思的。」我們研究 20 世紀上半葉的中國學術史、史學史、教育史、學生運動史和政治史，傅斯年是一個無法繞開的人物。人們也不應該忘記，在「五四」遊行中，高舉大旗走在北大學生隊伍最前列的總指揮就是傅斯年。

無論是從工作還是人際交往上看待傅斯年，他都是一個優秀的人、一個值得信賴的人。他與胡適英雄惜英雄，可以說，這兩個人互相成就了對方。同樣道理，因工作需求，在一個單位或一個部門中，除了一個正職全面主持工作外，往往還配有一個或多個副職。如果我們作為副職出現，不僅要服從正職的管理和調遣，還要注意學會與正職融洽相處。副職在心理上十分敏感，位不如正職高，權不如正職大，說話不能「一言九鼎」，辦事不能得心應手。因此，我們要時刻擺正自己的位置，牢記自己的身分，給自己一個準確的定位，注意維護正職的權威，遇事多向

哲言：語不驚人死不休──大師們的「驚世之言」

正職請示彙報、多跟正職商議，切忌好大喜功、自作主張、喧賓奪主、越權決策。在風口浪尖或者發生衝突時要挺身為正職解圍，特別是當正職遇到糾纏不休的敏感問題時，而應不管涉及的問題是否屬於自己分管的工作，都要從大局出發迎難而上，為正職解圍。能做到這些，正職都是看在眼裡、記在心裡的。當正職高升或調任他處時，下一個正職極有可能就是我們了。

為莊子而跑的劉文典

莊子追求的人生是自由的人生,也是審美的人生。生命的自由與審美的超越是和諧統一、不可分割的。莊子把實現個體的人格獨立與精神的絕對自由作為人生的最高理想,至於如何才能達到這個理想,也就成為人生觀的一個突出的問題。劉文典是民國時期研究莊子的鼻祖,有自己獨到的心得體會。他贊同莊子提出的只有與天地為一,才能實現理想的人格,這個過程就是「逍遙遊」的過程,這個境界就是人生的最高境界。劉文典追求的也正是這種境界,他從人的自然本性出發,強調人與自然的絕對統一,在與天地的交流中發展和完善自己。

劉文典(西元1889～1958年)每次上課前,眼睛都看看天花板,然後說:「《莊子》嘛,我是不懂的嘍,也沒有人懂!」前半句挺謙虛的,後半句也著實挺傲的。這樣的話有點晦澀,著實不過癮,終於他還是忍不住,過些時日放出大話來:「在中國真正懂得《莊子》的只有兩個半人。一個是莊周(莊子),還有一個是劉文典,至於那半個嘛……還不曉得是誰。」這話說出口後好些年,竟然沒有一個人反駁,看得出來研究《莊子》絕對是劉文典的獨門武功。他在大學裡開設這門課程,慕名而來的人能擠爆教室,甚至一些名教授也來捧場,陶醉在其中,聽他妙語講「莊子」。

除了《莊子》,劉文典講《紅樓夢》也堪稱一絕。有一次,吳宓主講《紅樓夢》,劉文典知道後,也找個教室講《紅樓夢》,公然唱對臺戲。吳宓也不生氣,反而在教室最後一排找個座位來旁聽。劉文典身著長衫,

哲言：語不驚人死不休—大師們的「驚世之言」

神情瀟灑，緩步走上講臺，坐定，從容飲盡一杯學生為他沏好的熱茶後。稍停片刻，站起，用京劇的唸白，有板有眼地念出開場白：「寧吃仙桃一口，不吃爛杏滿筐！」隨後，又接著說「我講《紅樓夢》，凡是別人說過的，我都不講。凡是我講的，別人都沒有說過！今天給你們講四個字就夠了。」他拿起筆，轉身在旁邊架著的小黑板上寫下「蓼汀花漵」4個大字。他對於「蓼汀花漵」的解釋是：「元春省親遊大觀園時，看到一幅題字，笑道：『花漵』二字便好，何必『蓼汀』？花漵反切為薛，蓼汀反切為林，可見當時元春已屬意寶釵了……」果然令人耳目全新，拍案叫絕。

劉文典每講到得意處，便抬頭向最後一排張望，然後問道：「雨僧（吳宓的字）兄以為如何？」每當這時，吳宓照例起立，恭恭敬敬地一面點頭一面回答：「高見甚是，高見甚是。」惹得全場暗笑不已。後來，吳宓在日記中寫道：「聽典講《紅樓夢》並答學生問。時大雨如注，擊屋頂錫鐵如雷聲。」可見，吳宓十分佩服劉文典的講座魅力。

劉文典西元1909年遠赴日本，進入早稻田大學留學，曾師從章太炎、劉師培。西元1911年，武昌起義一聲炮響，海外革命志士紛紛回國參加反清革命。劉文典也滿懷革命激情回到上海，他在同盟會機關報《民立報》任編輯和翻譯，以「天明」的筆名鼓吹民主，後又追隨孫中山從事反袁活動。西元1913年3月，袁世凱派人在上海火車站暗殺宋教仁，當時劉文典也在場，同時中彈，手臂受傷。第二次革命失敗後，他再次東渡日本，任職於孫中山祕書處，並參加了孫在日本組建的中華革命黨，繼續從事反袁的革命活動。西元1916年，袁世凱在全國人民憤怒的討伐聲中死去，劉文典也結束了流亡生活回國。

為莊子而跑的劉文典

西元 1917 年，27 歲的劉文典被陳獨秀請到北大任教授，從此脫離革命，走上了一條為學術而奮鬥的道路。那時北京大學的人才太多了，尤其是國學方面，辜鴻銘、劉師培、黃侃都在北大，都是些了不起的人。劉文典在北大講授《文選》和《先秦諸子》，但沒什麼專著，名氣也就有限。這個時候他還在《新青年》進行英文翻譯，但在當時的北大，從國外回來的教授有的是，每個人都有厚厚的譯著，所以翻譯也沒帶給他什麼名氣。劉文典的學問雖好，課也講得不錯，卻得不到同事的認可，說白了就是沒有服人的東西。

劉文典決定下苦功認認真真地校好一部書。經過比較，他選定把先秦諸子作為校勘的主攻方向，而且一出手就是比較難弄的《淮南子》。做學問關鍵就是得有研究用的書籍，而且還得是完整的孤本、善本之類，這才能出成績。劉文典選書很講究版本，這是受劉師培、章太炎先生治學的影響。錢穆先生說：「劉文典看的書都是好版本，不是好版本他不看。」

劉文典愛抄筆記，搞校勘更是抄了很多東西。校勘古籍講求字字皆有來歷，劉文典出書，校對從不假他人之手。他致信胡適，坦誠相告：「弟目睹劉績、莊逵吉輩被王念孫父子罵得太苦，心裡十分恐懼，生怕脫去一字，後人說我是妄刪；多出一字，後人說我是妄增；錯了一字，後人說我是妄改。不說手民弄錯而說我之不學，所以非自校不能放心，將來身後虛名，全繫於今日之校對也。」他徵引古人的註釋，特別強調查證原文，避免以訛傳訛，貽害後人。劉文典不止一次慨嘆說：「搞這個苦不堪言，如果我再這樣搞的話，我現在就死了。」為了校勘《淮南子》，他晚上睡著，一想到某個問題，馬上就起來了。他的夫人回憶說說：「搞這

哲言：語不驚人死不休—大師們的「驚世之言」

個書，很可憐的。別人只知道這個書搞得不錯，不知道多辛苦，病了好幾次。」

劉文典費時一年多，終成《淮南鴻烈集解》，就請胡適用文言文給他作序。那時，胡適正倡導白話文，不方便用文言文作序，但是又敬佩劉文典的學術研究。經過他倆商議，變通為帶標點的文言文。於是，胡適就破例給他用文言文作了序，並給了很高的讚譽。因為胡適很多年不做文言文，所以劉文典覺得很珍貴，把這個原稿一直留著。這本書出來後，劉文典一下子就紅了。從此，劉文典在國學界嶄露頭角，建立了名聲，就連大名鼎鼎的梁啟超先生，對《淮南鴻烈集解》也是讚譽有加。

此後他仍發憤不止，西元1939年又出版了《莊子補正》，不肯輕易譽人的陳寅恪教授也作序贊曰：「先生之作，可謂天下至慎矣……然則先生此書之刊布，蓋將一匡當世之學風，而示人以準則，豈僅供治莊子者之所必讀而已哉！」《莊子補正》成書後，學術界至今仍奉為開山之作。

北大遠遷大西南後，劉文典在西南聯大任教。他主講《文選》課，常常乘興隨意，不拘常規。上課前，先由校役帶一壺茶，外帶一根兩尺來長的竹製旱菸袋。他一邊吸旱菸，一邊解說文章中的精義。講到盡興時，從不理會下課鈴聲，有時一高興就連講三四個小時，直到晚飯時分才下課。有一次，他上了半個小時就結束了。他對學生說：「今天提前下課，改在下星期三晚飯後7點上課。」大家不解其意。原來，下星期三正是五月十五，他要在月光下講〈月賦〉。當日晚間，月滿中天，學生們在校園裡圍坐一圈，而他就坐在中間，當著一輪明月大講〈月賦〉，生動形象，妙語連珠，儼然一副魏晉名士風度。此情此境，令聽者沉醉其中，不知往返。

為莊子而跑的劉文典

　　每逢講授古詞詩歌，劉文典常常淺吟低唱，每到高昂處則高歌。他不僅自己吟誦，還要求學生模仿。有的學生不理解，他就說：「詩不吟，怎知其味？欣賞梅先生（蘭芳）的戲，如果只是看看、聽聽而不出聲吟唱，怎麼能體會其韻味呢？」有學生就問劉文典，詩歌要吟唱，那麼文章怎樣才能寫好呢？劉文典又說只要注意「觀世音菩薩」就行了。眾學生不解。他加以解釋說：「『觀』是要多多觀察生活；『世』是要明白社會上的人情世故；『音』是文章要講音韻；『菩薩』是要有救苦救難、普度眾生的菩薩心腸。」這一簡單生動的比喻讓很多文學愛好者喜笑顏開，迅速掌握了寫作的竅門。

　　不過，劉文典向來看不起進行文學創作的人，認為「文學創作的能力不能代替真正的學問」，巴金、朱自清和沈從文等在他的眼中全是渺視的。沈從文提升教授時，劉文典說：「沈從文是我的學生，他要是教授，我豈不要做太上教授了嗎？」他曾多次在課堂上說，「陳寅恪才是真正的教授，他該拿四百塊錢，我該拿四十塊錢，沈從文只該拿四塊錢。」不知為什麼，劉文典就是看著沈從文不順眼，多次拿沈從文無理取笑。

　　西南聯大所在地經常受到日機的轟炸，空襲警報一響，教師和學生就要趕緊疏散。有一回，劉文典正賣力狂奔，發現沈從文從身旁一閃而過。他立刻面露不悅之色，大聲對沈從文喊：「陳寅恪跑警報是為了保存國粹，我劉某人跑警報是為了莊子，學生跑是為了未來，沈從文替誰跑啊？」沈從文知道昔日的老師又在發酸腐脾氣，不屑於和他辯駁。但聞一多性如烈火，愛打抱不平，聽到這幾句話，就很氣憤，就想著找個機會警醒一下劉文典。

　　劉文典眼高於頂，他學識淵博，學貫中西，通曉英、德、日多國文

哲言：語不驚人死不休——大師們的「驚世之言」

字。陳寅恪都公開稱其為「教授之教授」，「大師之大師」。劉文典說西南聯大只有三個教授：陳寅恪一個，馮友蘭一個，他和唐蘭各算半個。試想，西南聯大差不多集結了中國學術界所有名家，他自鳴得意的「三個教授論」會得罪多少同行？誠然，狂傲者若無本事，最多也只能譁眾取寵，淪為笑柄。狂傲者若有真才實學，他發作起來，別人就是不服，也只能忍氣吞聲。

得罪天下同仁，劉文典並不在乎，他還曾經激怒蔣介石。那還是西元1928年的事情，安徽大學爆發學潮，劉文典正擔任安徽大學校長，自然被呼喚前來接受訊問。蔣介石恰好親臨視察，他指出這次學潮是「安徽教育界之大恥」。當蔣介石說出要對罷課學生嚴懲不貸時，劉文典不買帳，還與蔣介石論辯：「我不知道誰是共產黨。你是總司令，就應該帶好你的兵。我是大學校長，學校的事由我來管。」真是哪壺不開提哪壺，蔣介石聞之惱怒不已，聲色俱厲地大罵：「你是學閥！」劉文典胸有千萬兵，無所畏懼，拍桌回擊：「你是新軍閥！」蔣介石位高權重已久，普天之下哪個敢這樣和他說話。據說盛怒之下，蔣介石給了劉文典兩記耳光，劉文典遂「以頭相撞」或者「以腳踢蔣」，這個說法無從考證。最後，蔣介石以「治學不嚴」罪名將劉文典關進監獄，以示懲戒。劉文典身陷囹圄，性命危在旦夕。好在全國學界和新聞界一呼百應，「保障人權」、「釋放劉文典」的呼聲隨之而起，安徽學運也有星火燎原之勢。蔡元培出面力保，陳立夫也從中斡旋，蔣介石迫於輿論壓力，這才以劉「即日離皖」為條件，釋放劉文典。

劉文典連老蔣都不放在眼裡，何況身邊的區區教授。不過這樣的傲氣和做事風格還是讓劉文典吃了苦頭。西元1943年春，劉文典受雲南富

為莊子而跑的劉文典

豪之邀,為富豪之母撰寫墓誌銘,順便為當地歌功頌德,揚揚名氣。劉文典貪圖大筆酬金和十兩上好的「雲土」,也不向時任中文系主任的聞一多請假,就擅自曠教半年。聞一多徵得聯大文學院院長馮友蘭的支持和同意,以譏諷的言詞(「昆明物價漲數十倍,切不可再回學校,試為磨黑鹽井人可也」)寫信通知劉文典正式收回聯大寄發給他的聘書,就這樣燒了一把火,將這位名教授掃地出門。

聯大中文系教授王力等人曾為劉文典求情,力陳劉文典老先生從北平輾轉南來,寧死不做漢奸,愛國之心不後於人。聞一多卻不肯讓步:「難道不當漢奸就可以擅離職守,不負教學責任嗎?」從來不低頭的劉文典卻主動放低身架,答應雨季之後回校授課,並允諾下一學年增加課時以為彌補,也沒能扭轉既成事實。這時,雲南大學向他遞來橄欖枝,傷心的劉文典只好去了雲大,擔任文史系教授。

西元1949年,胡適為劉文典辦好了一家三口的機票,聯絡好了美國的大學,想幫他換個新環境。對於胡適的好意,劉文典說:「我是中國人,為什麼要離開我的祖國?」劉文典久已遠離政治紛爭的漩渦,只是出於愛國之情留下未走。他沒有力氣再斡旋了,眼看把亂世挺到了盡頭,接下來只想過過太平日子。當時,許多學者都是抱著這樣的想法留在大陸。

西元1958年,劉文典大師故去。他留下了輝煌的鉅著,從那考究細密的字裡行間,我們再次感受到劉文典「一字之微,徵及萬卷」的治學之舉。大師殫精竭慮數年,皓皓白首,才製一書;當代學者一年出書五六部,洋洋灑灑百萬字,大做諸多道德文章。不知道是效率提高了,還是學術研究變簡單了?這些「著作」都堂而皇之地出現在書店和大學課堂

> 哲言：語不驚人死不休—大師們的「驚世之言」

裡，與劉文典等大師的著作擺在一起，共同擔負著教書育人的重任。是喜？是悲？

　　劉文典的一生給我們最大的啟示就是他的職業目標定位明確 —— 為莊子而活。卡內基（Dale Carnegie）曾對世界上不同種族、年齡與性別的人進行過一次萬人以上的關於職業目標的問卷調查。他發現只有3％的人能夠明確職業目標，並知道怎樣落實，而另外97％的人要麼根本沒有職業目標，要麼就是不知道怎樣去實現自己的目標。10年後，卡內基又針對上述對象再次調查。樣本中原來97％那個群體內的人，除了年齡增長外，在生活、工作、個人成就上幾乎沒有太大的起色；而原來占少數的3％的那個群體卻在各自的領域裡都相當的成功，且10年前提出的職業目標都不同程度的實現了，並還在按原定的目標走下去。職業目標是一種人生定位，人們往往要經過一番危機才能找到適應自己才能、追求及環境的目標。我們在為自己定職業目標時，應量力而行，太難或太容易的事，都不具有挑戰性，也不會激發人的熱情。這個目標應盡可能具體明確，並限定時間。只有具體、明確並有時限的目標才具有行動指導和激勵的價值。我們要在特定的時限內完成特定的任務，就會集中精力，調動自己和他人的潛力，為實現目標而奮鬥。反之，則根本談不上職業目標定位明確。

哲學狂者熊十力

佛祖從不勉強別人去做他不喜歡的事情，只是告訴眾生，何者是善？何者是惡？善惡還是要自己去選擇，生命還是要自己去掌握。不要因為眾生的愚疑，而帶來了自己的煩惱。不要因為眾生的無知，而痛苦了自己。所謂的放下，就是去除人的分別心、是非心、得失心、執著心。熊十力在融通中國、西方、印度三種哲學後，改造了唯識學創立了「新唯識論」。在學術上的爭鳴，他是坦然的面對的，也是積極辯駁的。的確如此，世界上沒有一個永遠不被詆毀的人，也沒有一個永遠被讚嘆的人。話多的時候，別人會批評我們，話少的時候，別人也要批評我們，沉默的時候，別人還是要批評我們。在這個世界上，沒有哪個人一生不被批評的。

廢名（馮文炳）很佩服熊十力（西元 1885～1968 年）的學識，常跟他聚在一起暢談「儒道」，二人頗為欣賞對方，談的十分投機。後來，廢名著手讀佛書以後，與佛學泰斗的熊十力竟然意見不合，而且多有不滿之處，為此，兩個人經常發生爭辯。有一次，兩人在庭院裡喝著茶交流著學術觀點，一言不合，就大聲爭論起來，屋內的人正傾心聽著兩人的妙論，突然沒了聲音。探頭一看，原來兩人已經扭打在一起，真是君子動口又動手啊！大概廢名沒占到便宜，很快就怒不可遏地離開熊家。但到第二天，廢名又洋洋得意地來到熊家，繼續跟熊十力討論起另外一個佛學話題。兩個人又是展開了雄辯，熊十力聲色俱厲地說：「我代表的是佛，你不同意便是反對佛！」廢名也不甘示弱，嘟囔著「你算哪門佛」。

哲言：語不驚人死不休—大師們的「驚世之言」

二人發嗔怒更烈，但過後又一如既往喝茶聊天，絲毫不曾影響他們學術之外的友誼。

熊十力學問大，脾氣也大，而且還十分古怪。他喜好清淨，最煩被打擾，而且好口腹之慾，尤其喜歡吃鱉，每飯須備一鱉，每次都吃的心滿意足，紅光滿面。因為他不喜歡上課，北大為他安排的課時就很少，許多學生都抱怨得到大師指點的機會太少。因此，學生上門問學的就非常多，熊十力因此也被人稱為不上課的著名教授。1930 年代初，熊十力住在沙灘銀閘路西時，常有學生或者其他教授登門造訪。熊十力自覺煩惱，便關上大門，門上貼一張大白紙，上寫：近來常有人來此找熊十力，熊十力以前確實在此院住，現在不在此院住。我實在不知道熊十力在何處住，請不要再敲此門。正所謂此地無銀三百兩，凡看見此條的人都不禁啞然失笑，繼續持久細密的敲門不誤，最後在一陣嘈雜的腳步聲中，熊十力還是無奈的拉開大門。

大半埋身於學術研究的人多直率，他們的行事在常人眼中看來有些怪，也有些不解，熊十力當屬此怪人之列。但是熊十力的學術地位也的確讓人如仰泰山，他被譽為新儒家開山祖師、國學大師，是現代中國最傑出的哲學家之一，同時也是蒙塵最厚、最不為我們所知的北大名家。

熊十力出生於一個貧窮的知識分子家庭，小小年紀就獨具才思而又非常自信。少年時曾口出神語：「舉頭天外望，無我這般人。」這等氣魄和胸懷真是讓我輩汗顏啊！感慨大師少年風範，出口就如此不凡，可憐現在的孩子在他這般年齡時都已經被磨平了稜角，只知道死讀書、讀死書了。看來少年當立志，才不至於荒廢光陰，更不至於做無用功。

辛亥革命時期，熊十力痛感清王朝腐敗沒落，民族危機日益深重，

常以「天下興亡，匹夫有責」自警，為反清而奔走呼號。西元 1902 年，他投筆從戎，參加湖北新軍。並在兩年後參與建立了第一個革命團體——科學補習所，祕密宣講革命思想，倡導反帝反清，救國救民。1911 年，他參加了震驚中外的武昌起義，並任湖北督軍府參謀。辛亥革命失敗後，他又追隨孫中山參加護法運動。但由於軍閥政客的排擠，孫中山被迫離開軍政府，護法運動宣告失敗，這給熊十力很大打擊。他目睹「黨人竟權爭利，革命終無善果」，內心非常痛苦，常常「獨自登高，蒼茫望天，淚盈盈雨下」，遂於西元 1920 年決絕仕途，一心向學。他後來自稱「決志學術一途，時年已三十五矣，此為餘一生之大轉變，直到再生之期」。熊十力 35 歲求學，還能成一派大師，這讓當今流行的一個觀點——不能輸在起跑點上，顯得多麼幼稚可笑。無數家長逼著孩子在各式各樣的補習班、才藝班裡學習，耗費了孩子的熱情和精力卻沒什麼收穫，反而使得孩子厭煩，對學習知識失去興趣，得不償失。

熊十力立志學術雖晚，但由於勤奮好讀，學術基礎扎實，得以大器晚成。他曾借住在一座破廟內靠教授蒙學（啟蒙的學塾，相當於現在的幼稚園或者小學低年級）生活。當時他已成家，卻一度窮窘到無替換衣褲的地步，沒有辦法，只有夜洗日穿，晚上將衣物就掛在廟裡晾乾。西元 1920 年夏，熊十力進入南京歐陽竟無主持的內學院拜師學佛，研修「唯識論」。歐陽竟無是中國近代最有名的佛學大師，被稱為中國佛學的正宗。熊十力得歐陽大師指導，加上日夜窮探苦索，很快就有了中國佛學界高人之譽，他也被學術界認為是歐陽大師衣缽傳人。經過對佛學的深入研究，熊十力有了自己獨到的觀點，他開始對佛學「有所不能同」，認為「為人立國」之道須以儒學為主體，由佛入儒，並融會儒佛。於是他開始寫作《境論》，批判「唯識論」。此時恰好蔡元培南下內學院，看見熊

哲言：語不驚人死不休──大師們的「驚世之言」

十力《境論》稿，大為嘆服，稱「熊十力乃二千年來以哲學家之立場闡揚佛學最精深之第一人」，並當即決定邀請熊十力為北大講師。面對北大的熱情之約，熊十力也自認為在內學院學不到什麼東西了，便辭師而去。歐陽竟無看著熊十力遠去的背影，不由得嘆息道：「我少了一個高徒，世上卻多了一位名家。」

熊十力自西元1922年到北大任教，1954年退休，期間除到武漢大學、中央大學、浙江大學等任課外，主要時間都在北大哲學系任教，曾經六進六出北大，可謂是不折不扣的北大「老人」了。熊十力到北大開講他的「新唯識論」，駁斥歐陽大師的觀點，他的主要學問是哲學，具體的講是佛學和儒學。熊十力儘管否定了唯識論，由佛轉儒，但他並沒有放棄佛學的研究。他於西元1926年出版的《因明大疏刪注》和1937年出版的《佛學名相通釋》，都被行家視為佛學的權威著作，對佛學的貢獻極大。

熊十力最有影響的著作是西元1932年10月出版的文言本《新唯識論》。這是熊十力傾十餘年之功而寫成的反映其哲學思想的鉅著，被當時學術界稱為「近年來的一部奇書」。該書創立了當代唯心論新儒學，著名學者馬一浮對此書推許備至，還親自為該書作序。熊十力的鉅著成書後，也引起了廣泛的爭鳴，榮譽和批評紛至沓來，他不以為意，仍舊痴迷於學術研究。

熊十力在北大教授圈子中的名氣很響，很多教授都喜歡與他結交。吳稚暉、李石曾在北大發起「八不會」，「八不」即不抽菸、不喝酒、不嫖、不賭、不吸毒、不做官、不貪財、不阿諛。他們邀請熊十力參加，熊十力說：「你們這是結黨，我不幹，我是九不。」他的「第九不」就是不

結黨，大師就是喜好獨來獨往。熊十力的確不喜交往，他的人際關係僅限於少數朋友和幾個弟子的圈子內。據說熊十力對弟子要求很嚴，極少稱許，稍有不合意就訓斥。對於個別被器重的弟子，他就更不客氣了，必定是常常訓斥，甚至動手打幾下。

熊十力弟子有成就者頗多，如徐復觀、唐君毅、牟宗三均以新儒家知名，號稱新儒家第二代的三大宗師。西元1943年，徐復觀初次拜見熊十力，請教應該讀什麼書。熊十力讓他讀王夫之的《讀通鑑論》。徐復觀說那書少年時就已經讀過了。熊十力不高興地說，你並沒有讀懂，回去重讀。過了些時候，徐復觀再去看熊十力，說《讀通鑑論》已經讀完了。熊十力問，有什麼收穫？於是徐復觀便說出許多他不太滿意的地方。

熊十力未聽完，就打斷他的話，怒聲斥道：「你這個東西，怎麼會讀得進書！任何書的內容，都是有好的地方，也有壞的地方。你為什麼不先看他好的地方，卻專門去挑壞的；這樣讀書，就是讀了百部千部，你會受到書的什麼益處？讀書是要先看他的好處，再批評他的壞處，這才像吃東西一樣，經過消化而攝取了營養。……你這樣讀書，真太沒有出息！」熊十力這一席話，真是讓徐復觀受益匪淺。這也給了我們一個難得的治學經驗，讀書要讀它的精髓。

熊十力與弟子之間嚴厲有加，頗有長者之風，對待朋友也一樣的態度。他自認為朋友不多，但是把他當朋友的人卻很多。陳明樞是熊十力在內學院的同學，也是他很好的朋友。後來陳明樞當了廣東省政府主席，卻以是熊十力的同窗為榮。這時熊十力正貧病交困，陳明樞請他去廣東政府裡擔任個要職，他不去；派人送錢來，他也不受。陳明樞說，我們的關係不用這樣客氣，我必須得幫助你度過難關。熊十力推脫不

哲言：語不驚人死不休──大師們的「驚世之言」

掉，就說「我每月生活費需要大洋 30 元」，陳明樞大喜，立刻按月寄送，熊十力坦然接受。要說狗眼看人低呢，省政府的出納每個月郵寄區區的 30 塊大洋，以為主席在打發窮鄉親呢，沒多久就不在乎這件事了，一連三個月沒有給熊寄錢去。於是熊十力寫了一封陳明樞親啟的信。陳明樞拆開一看，沒有別的，一張紙滿滿地寫了 100 個王八蛋。陳趕忙一再謝罪，說明原因，不但補上所欠，又把這個不知天高地厚的出納開除。

西元 1944 年 3 月，熊十力出版了《新唯識論》的白話本。這不僅僅是他文言文向白話的轉變，更是熊十力哲學思想體系的進一步完善和成熟，並由此完成了他新儒家哲學體系的建構。其學說影響日漸深遠，在哲學界自成一體。時至今日，「熊學」研究者仍遍及海內外。

從為人行事上講，熊十力取儒家和佛家「知行合一」的道路，有所信必能行，行與信完全一致，沒有一點曲折，沒有一點修飾。從生活上講，熊十力的衣著像是訂做的，樣子介於僧俗之間，襪子則是白布高筒，十足的僧式裝扮。他的衣食住行與梁漱溟有許多相似之處。他生活十分簡樸，房間除床、被褥、書架和書外，餘物不多，吃穿用總有湊合之嫌。他平時喜立不喜坐，冬不御棉，御棉則病。在炎熱的夏天，他總是穿著一條中式布褲，光著上身。見客也是如此，無論來什麼客人，年輕的女弟子、學界名人、政界要人，他都這樣，絲毫不覺局促難堪。這就是大師，管你什麼身分，依然故我，這等氣魄在當今學者身上很少有了。

熊十力在學術上的最大成就，是中國思想中「本體論」的闡揚。他所建立的哲學體系，被海外學者推為中國哲學中唯一系統化的「唯心論的本體──宇宙論的形而上學」。梁漱溟曾說熊十力「他是中國唯一的狂者」。西元 1956 年，陳毅在上海大學教師會上曾明確宣布「熊先生是中

國的國寶」。熊十力卻向陳毅哭訴道：「我的學問無人可傳呵！」

　　文革時，熊十力家中無數手稿和書籍被焚毀。他大受刺激，常精神恍惚地四處遊蕩，喃喃自語：「中國文化已亡！」傷感不已的熊十力在無限孤獨的暮年哀嘆：人生七十，孑然一老，小樓面壁，忽逢十祀。絕無向學之青年，後顧茫茫……即令如此，這位中國現代新儒家最富原創性的奠基人，仍然寄望於未來：吾國人今日所急需者，思想獨立，學術獨立，精神獨立，……遊乎廣天博地之間，將為世界文化開出新生命。

　　西元 1968 年 5 月 23 日，「文化大革命」爐火正旺時，在上海，85 歲的現代哲學大師熊十力悄然辭世。熊十力的去世，對當時狂躁的中國學術界來說，幾乎沒有一點影響，更無所謂什麼波瀾，但在海外卻掀起了悼念的熱潮。港臺的學者稱熊十力的去世「是中國文化長城的崩壞」。同一年，英國出版的《大英百科全書》中，同樣 85 歲的漢密爾頓博士為他撰寫了小傳，稱「熊十力是中國最傑出的哲學家，他的哲學思想是佛學、儒家與西方三面要義之獨創性的綜合。」

　　讀書不能死讀書，要吸取它的精髓，這是熊十力高明的治學態度的表現。我們在職場上生存，都如同「盲人摸象」故事中的盲人，我們看到的許多職場現象或許都是片面的、扭曲的；或者由於職位的高低，不同的職位的人得到的資訊是不一致的。所以，千萬不能主觀認為自己無所不知，無所不察，在工作中似乎什麼都懂，任何職位都能勝任，任何大話都敢脫口而出，這是職場大忌。謙虛點，夾著尾巴做人，從端正態度做起！職場精髓是什麼？就是做到具備胸有成竹、蓄勢待發的狀態，要能看到工作職位的優點並積極提升自己的適應力和創造力，而不是將注意力放在指責工作的缺點和無限的發牢騷上。

哲言：語不驚人死不休─大師們的「驚世之言」

幽默大師林語堂

　　幽默是一種人生觀的表達，一種應付人生百態的方法。最高的幽默，是承認多元世界之後的自嘲。林語堂受儒家「有為」的思想影響，也欣賞道家的「無為」；他的生活態度是以「有為」為中心，但也往往有「不為」的事。當面臨外敵入侵、國家生死存亡之際，幽默大師也會嚴肅起來、行動起來，勇於向危險宣戰。「幽默」在工作場合是人際交往的潤滑劑，它在於流暢和變通，可以打破僵局、化解矛盾、增加感情、提高工作效率。

　　林語堂（西元1895～1976年）從小就口齒伶俐，有人問他長大之後的志向。他的回答是：一、做一個英文教員；二、做一個物理教員；三、開一個「辯論商店」。所謂開一個「辯論商店」是他幼時家鄉的一種多人參加的辯論方式。林語堂從小便以雄辯著稱，兄弟姐妹們都稱他為「論爭顧客」，退避三舍。可見幼年時期的習慣養成，等於為我們開啟了通往成功的大門；可以不必花費太多力氣就可以輕而易舉地實現人生目標，成功甚至還會主動地找上門來。設立職業目標並為目標列出可行性的計劃，這樣可以更有效的工作，能清晰的知道工作的進度，使目標更明確。把自己的目標要當做誓言來對待，在日常工作和生活中就應養成出色完成自己承諾目標的習慣，這一點非常重要。

　　就這樣，林語堂從幼時就一直保持著對語言的喜愛和研究。他生性幽默，他的風度，他倡導的文學風格與他的創作，都具有幽默的特點。我們熟知的「幽默（humor）」一詞，首創者就是林語堂。林語堂每次演講

也是妙語迭出，常常贏得滿堂喝采，所以，他被人們稱為「幽默大師」。他認為，一個成功的演講，必須事先要有充分準備，到時才能有優秀的表現，而演講結束後，又讓人看不出有準備的痕跡，這才是成功的演講。這樣才能確保演講的品質，不至於信口開河，言之無物。我們常說「好人出在嘴上」就是這個道理，尤其是在工作中更是如此，我們應該精心準備我們的演講內容和表達方式。當今社會，不善於表達自己思想和觀點的人會失去很多良機。可見，提前對演講內容做好準備十分重要。因此，林語堂最反對臨時請他演講，令人措手不及，這是多麼窘相的事呀！

有一次，他到一所大學去參觀。參觀後，校長請他到大餐廳和學生們共餐。校長認為這是一次難得的機會，就在飯後請他和學生講幾句話。林語堂很為難，就講了一個笑話。林語堂說：羅馬時代，皇帝殘害人民，時常把人投到鬥獸場中，讓猛獸吃掉。有一次皇帝又把一個人丟進鬥獸場裡，讓獅子去吃。這個人膽子很大，看到獅子卻不十分害怕，在獅子身邊講了幾句話，那獅子掉頭就走，不吃他了。皇帝覺得很奇怪，於是又讓人放一隻老虎進去。那人又走到老虎身旁，也耳語一番。說也奇怪，老虎也悄悄地走了，同樣沒有吃他。皇帝詫異極了！怎麼回事？便把那人叫出來，問道：「你究竟向獅子和老虎說了什麼，竟使牠們不吃你呢？」那人答道：「陛下，很簡單，我只是提醒牠們，吃我很容易，可吃了這頓飯以後，你得演講一番！」說罷就坐下了，頓時全場雷動，一個滿堂彩！校長卻弄得啼笑皆非！

林語堂每次演講，語言都很精鍊，絕不長篇大論，而且極具魅力、令人回味無窮。美國紐約舉辦第一屆全美書展時。主辦者安排了一次作

哲言：語不驚人死不休——大師們的「驚世之言」

家演講的活動，林語堂也在邀請之列。當時，他的《吾國與吾民》在美國出版，高居暢銷書榜首，所以，他的演講格外受到讀者的歡迎。那天，林語堂一身藍緞長袍，風度瀟灑，慧氣四溢。他以風趣幽默、機智俏皮的口吻，縱談了他的東方人的人生觀和他的寫作經驗。熱情的聽眾被他那嫻熟的英語、雄辯的口才以及俏皮精湛的演講折服，不斷報以熱烈的掌聲。正當大家聽得入神的時候，他卻賣了一個關子，收住語氣說：「中國哲人的作風是，有話就說，說完就走。」說罷，拾起他的菸斗，揮了揮長袖，走下講臺，飄然而去！

大智者必謙和，大善者必寬容；面對小智者咄咄逼人的追問和斤斤計較，林語堂往往以寬容和幽默相待。有一次，哥倫比亞大學請他去講中國文化。他從衣食住行談起，一直講到文學、哲學，大讚中國文化的博大精深、美妙絕倫。在座的大多是年輕氣盛的美國青年，見林語堂滔滔不絕地說中國的好，一個女學生實在忍不住，手舉得很高，語帶挑釁地問：「林博士，您好像是說，什麼東西都是你們中國的好，難道我們美國沒有一樣東西比得上中國嗎？」話音剛落，林語堂微笑著徐徐道來：「有的，你們美國的抽水馬桶比中國的好。」舉座喝采。大家都扭過脖子去看發問的人，女學生怎麼也沒想到林語堂會來上這麼一句，窘迫得臉色緋紅，羞答答地坐下來。

幽默在許多方面有助於我們的人際關係更加順暢地執行，可以化解諸多矛盾和紛爭。如果我們運用幽默能達到很多這樣的好效果，那麼它就會提高我們作為一個有魅力和領袖氣質的人的聲望，身邊的人也會對我們的舉止留下很深的印象。工作中的幽默會帶來的許多積極因素，我們的幽默越有效，這樣的一些好處就越有可能會來到。

林語堂生性喜歡演講，但頻率太多了也會反感。到臺灣定居後，幾乎每個星期都得例行公事講上幾次。那個時期大家的演講都長得像老婆婆的裹腳布，寒暄話起承轉合，沒完沒了，每一次林語堂都苦不堪言。一次，輪到林語堂講時已是中午過半，與會者飢腸轆轆，又不得不裝出饒有興致的樣子。林語堂上臺後說：「紳士的演講應該像女孩子的迷你裙，越短越好！」說完就走下講臺，大家心領神會，哈哈大笑，一湧而出，直奔飯堂。麥當勞創始人克羅克（Raymond Albert "Ray" Kroc）曾經這樣說道：如果兩個人的觀點相同，其中一個人就是不必要的。如果我們在會議中的發言和其他同事幾乎一樣，沒有新意，人云亦云，那麼也就表明我們很快會成為上司眼裡的不必要的人物。因此，要讓我們的語言豐富起來，不要言之無物，而是要充滿語言的魅力。

林語堂最廣為傳誦的一句話是他和妻子造訪巴西時留下的。那是一次集會，來聽的人太多，擠滿了臨街的大道，政府不得不出動警察來維持治安。喜愛演講的人是人越多越興奮，越容易出妙語，林語堂也不例外，他幽默的說著：「世界大同的理想生活，就是住在英國的鄉村，屋子裡安裝著美國的水電煤氣等管子，有個中國廚師，娶個日本太太，找個法國情人。」這句話幾乎風靡了全世界，成為當時人們掛在嘴邊的流行語。

林語堂平生演講無數，總是伴隨著喝采鼓掌，但有次講到一半，他竟然被「轟」下來了。世界筆會第36屆年會在法國蒙頓（Menton）舉行，林語堂作為代表上臺發言。大會規定每個人只能講5分鐘，林語堂覺得5分鐘太短，要求講15分鐘。大會主席一口回絕。不過大會祕書長處事還算靈活，說發言時間也不是死的，先幫林語堂安排10分鐘，要是時間

哲言：語不驚人死不休──大師們的「驚世之言」

到了還沒有結束發言可適當順延。林語堂覺得這個承諾還可以接受，就興味盎然地上臺演講了。他講得投入，妙語連珠，臺下時而鴉雀無聲，時而哄堂大笑。不知不覺已經到了 10 分鐘，林語堂講得正興起，大會主席敲了敲鐘，生硬地插言：「演講時間已到，請盡快結束發言！」林語堂看了大會主席一眼，理理東西，直接走出場外。與會者聽得津津有味，幾次鼓掌要求林語堂接著講。大會主席見眾怒難犯，只好答應了聽眾的要求。林語堂卻說什麼也不肯再回臺上，於是，那剩下的半截精彩演講便永遠留在了林語堂的肚子裡了。同樣的道理，我們在一旦做出正式決定，所有的歧見和異議都變得多餘，只需堅定不移地沿著既定的方向前進就行了。如果沒有確鑿證據表明決定是錯誤的，那就不妨認定它是正確的，一心一意往前走，千萬不要橫生枝節，弄巧成拙。

生活中，林語堂也是隨時保持著這種幽默的本色。林語堂不但喜愛演講，而且對香菸也情有獨鍾。香菸在他的工作和生活中占有舉足輕重的地位。「飯後一支菸，賽過活神仙」這句話，也是他的原創。他把太太允許他在床上抽菸看成是婚姻美滿的標準，也可以算是天下「癮君子」中的佼佼者了。林語堂不僅菸癮大，而且胃口好，食量大，愛吃愛喝，就是生病的時候，他也可以吃雙倍的東西，還經常睡到半夜又起來，到廚房裡為自己加餐。

林語堂就是這樣快樂的生活著。人活著為了什麼？他的答案是快樂。那麼，怎樣的行為才快樂呢？能夠從工作中得到享受的人才會真正快樂。這跟貧富沒有必然關係。如果把工作當成一種負擔，在貧窮中工作時，會感到離快樂、幸福很遠；當事業有成擁有了財富後，還是會覺得離快樂、幸福很遙遠。只有當工作成為我們的一種快樂的生活方式時，我們

才能每時每刻享受到創造的樂趣，我們的工作才會變得真正快樂起來，我們的人生才具有更大的價值。為了爭取個什麼名利，違背了自己的本性，讓自己受累受苦，讓自己良心受折磨，林語堂是堅絕不做的。他把自己的書房取名叫「有不為齋」，就是說有些事可做，有些事不可做、不想做。我們在日常工作中也應該學學林語堂，做到誠實和正直，能夠抵制誘惑，勇敢講真話、表現自己真實的一面，而不是虛偽造作。

當日本侵略中國，美國宣布：美國對日本保持「友好的、不偏不倚的立場」，這種無視日本侵略者侵犯中國、縱容包庇的行為，林語堂聞之就生氣了。他立即寫下〈美國與中日戰爭〉一文。他指出，美國政府僅在西元1937年的9月、10月兩個月中，就賣給日本3.37億加侖汽油！他說美國表面上保持所謂的「中立」立場，實際上，它已經成為日本的「經濟同盟」，是日本侵略中國的幫凶。

林語堂身體力行地投入到宣傳抗日中，他特別反感那些只說不做的「假愛國者」。就比如一個人或者一個國家遇到危險和困境時，人們只是禮貌地摘下帽子，對他們說「受苦了，大家要努力啊！」，然後就無所事事地離開需要幫助的他們，這是可恥的。我們身邊從來不缺少空想家和偽善人，就缺少實做家。那些愛空想的、偽善的人，是思想和言語的巨人，卻是行動的矮子；這樣的人，只會為我們的工作平添混亂，自己一無所獲，也不會創造任何價值。作為職場一員，能夠向單位、向上司、向同事證明自身價值、並能為自己帶來收穫的東西只有一樣：行動力。沒有行動力，所有的思想和語言都變得蒼白無力；不動手去做，再美妙的計畫和關心也只能是空談；缺乏行動力，再好的想法也無法成為現實的價值。那麼，好的計畫和壞的計畫，好主意和壞主意又有何差異？

哲言：語不驚人死不休—大師們的「驚世之言」

　　西元 1937 年年底，林語堂攜妻女參觀義大利西南部的維蘇威活火山。在去火山口的路上，他對膽顫心驚的妻女說：「面對危險，誰都會有恐懼，但我們應當保持鎮定，因為災難並非一定會降臨。而世人常因為自身的恐懼失去了目睹奇觀的機會。」參觀完畢，剛離開火山口不遠，火山便開始噴發了。所幸全家在有經驗的嚮導帶領下終於走出了死亡地帶。回到旅館，妻女興奮中還帶著後悔。林語堂則趁機教導女兒：「要對世界抱有好奇心，人生才有樂趣。為好奇心所驅使，有時就免不了冒險。冒險的樂趣在於前方將要發生的事情是我們所不能完全預料的，需要我們依靠勇氣和智慧去應付它，戰勝它，這樣的話，人生就不但是有趣味，而且有了意義。」

最後的儒家梁漱溟

在對待歷史發展變遷的問題上，儒學思想家內部存在著厚今與崇古兩種不同的思想傾向，並從而出現了爭論。在近代中國，只有梁漱溟一個人保持了儒家的傳統和骨氣。他一生的為人處事，大有孔孟之風；他四處尋找理解和支持，以實現他心目中的為人之道和改進社會之道。他的思想在當時不易為人們所接受，不過，當我們再次回顧20世紀中國的思想家，或許只有他和少數幾個人才經得起時間的考驗，而為歷史所記住。

梁漱溟（西元1893～1988年）初到北大便毫不掩飾他的勇猛，他在開講《印度哲學》的第一天就對聽課的學生說：「我此來除替釋迦、孔子發揮外，更不做旁的事。」講臺下的學生大多是掃除一切舊思想的熱烈擁護者，敢在這個時期的北大為佛家和孔子做護法，沒點真本事還真不行。這一時期的北大，可是人才濟濟，梁漱溟在當時還不出名，即使辭退他也不會有人感到新鮮，但是他卻在北大一教就是七年，他講的孔子課特別熱門，學生們都爭著來聽他是如何為孔子、釋迦作辯護的。

也許天生就不該是個俗人，梁漱溟從小就與眾不同。中學時代，他便常以偉人自居，「傲視群小」。據說當初在順天中學時，他就目空一切，行為匪夷所思。他唯一佩服的是他的一個同學，叫郭曉峰，最後因崇拜之極，乾脆尊之為師。平時梁漱溟對郭曉峰所說的閒話都作記錄，最後竟然輯錄成冊，題為《郭師語錄》。同學譏之為「梁賢人、郭聖人」，可見梁漱溟特立獨行之風格。西元1911年梁漱溟中學畢業後，一心報考北京大學，因

哲言：語不驚人死不休─大師們的「驚世之言」

成績不佳沒有考取。他卻發怒說：「我今後一定要叫北大請我當教授！」眾人無不大笑，拿他當做茶餘飯後的談資，提起來就說「那個不知天高地厚的呆子」。

不久梁漱溟加入同盟會，做了革命黨，後又接受日本人幸德秋水的社會主義，並熱情宣傳。但現實的黑暗使他百思不得其解，苦悶異常，曾經走上自殺的道路，所幸佛祖沒有收留他，在他自殺得救後便轉身而投入佛家懷抱。從20歲開始，梁漱溟就研習佛典，歸心佛法，吃素準備當和尚了。西元1916年，梁漱溟開始嶄露頭角，寫了〈窮元決疑論〉，發表在《東方雜誌》上。文中以西洋近世學說闡揚印度佛家理論，言語高深精闢，為當時許多人首肯，名氣大噪。

西元1917年下學期，只有中學學歷的梁漱溟應蔡元培的邀請登上了北大的講堂，講印度哲學。這個消息傳遍天下時，當年嘲笑他的人又都覺得這是應該的，因為梁漱溟實在是學問太大了，讓人不得不發自內心的佩服。這一年梁漱溟只有24歲，比許多學生還小。他先講佛學，出版《印度哲學概論》，很受學生們的歡迎。但卻不善於言辭，口語表達欠流暢，每當講到某個道理時常不能即興說明，便急得用手觸壁或用手敲頭深思。這種情形我們也常常遇到，話就在嘴邊，但是找不到合適的語言來表達，實際上就是口語鍛鍊的場合太少所致。

正當梁漱溟在佛學領域大顯身手時，西元1918年1月8日，他的父親梁濟卻突然自沉於積水潭淨業湖。這件事更徹底改變了梁漱溟的人生觀。梁濟自沉是當年有影響的大事件，其轟動效應不亞於後來的王國維自殺，儘管梁濟遠不如王國維名氣大。梁濟自沉前也留下了令人沉思的遺書，其中寫道：「梁濟之死，系殉清朝而死……殉清……非以清朝為本

位。吾國數千年,先聖之詩禮綱常,吾家先祖先父先母之遺傳與教訓,幼年所聞,以對於世道責任為主義。此主義深印於吾腦中,即以此主義為本位,故不容不殉。」梁濟的「以身殉道的信念和決心」,在當時新舊兩派人物中都產生了很大的震動,都對他為理想獻身的精神表示敬意。父親之死對梁漱溟的衝擊很大,其父「對於世道責任為主義」的意念激發了他少年時即心憂天下的宿根。此後梁漱溟由佛轉儒。西元1920年秋,他開始「歸宗儒家」,開講「東西文化及其哲學」,正式發揚儒家思想。

　　隔年,梁漱溟的言論集結成《東西文化及其哲學》一書正式出版,引起文化界的大論戰,此書幾年內連續再版,被翻譯成20餘國文字,梁漱溟也日漸成名。再往後,他又在北大講《孔學繹旨》,一心一意發揮孔學。西元1924年梁漱溟離開北大教職,經過短期的辦學經歷後,開始從事鄉村建設運動,把他的文化學術思想付諸實踐,其間出版《中國民族自救運動之最後覺悟》、《鄉村建設理論》等重要著作,既是講政治也是講文化。梁漱溟將他的精力放在了農村,希望能摸索出一條適合中國的道路,此後無論他在政壇顛簸,還是閉戶思索,梁漱溟的思想變化並不太大。

　　西元1937年,七七事變發生,抗戰全面爆發。梁漱溟在山東進行了7年的鄉村建設工作自然就做不下去了。他關閉了山東鄉村建設研究院,風塵僕僕趕到了南京。但隨著國民黨軍隊抗戰失利,日軍長驅直入,上海、南京相繼淪陷。梁漱溟沿途所見,一派流離失所、爭相逃難的景象!特別是一些國民黨大員,無心抗日,不戰而逃。有的人更甚,提前把資產、妻兒送往國外,自己在國內做裸官。對此,梁漱溟大失所望,對抗戰的前途也很悲觀,不得不尋求合作的機會,在徵得蔣介石的

哲言：語不驚人死不休—大師們的「驚世之言」

同意，並和中共方面進行聯絡後，梁漱溟便奔赴延安。

在延安，梁漱溟與毛澤東就許多問題展開了論辯，兩人都不斷地、反覆地申述自己的觀點，相持不下，誰也沒有說服誰。毛澤東最後說，梁先生是有心之人，我們今天的爭論可不必先作結論，姑且存留聽下回分解吧。在與毛澤東的兩夜長談之後，梁漱溟還到延安各處參觀。當時，延安的物質條件很差，但到處生機勃勃，這都給梁漱溟留下了十分深刻的印象。離開延安後，梁漱溟繼續研究他的學問，抗戰勝利後他又為國共合作多次和毛澤東見面，兩個人依舊聊得熱火朝天。

梁漱溟的一生，幾乎經歷了20世紀中國所有的重大政治事件，而且他也有過幾件差不多能驚天動地的大舉動。東西文化論爭、鄉村建設運動、調和國共矛盾、跟毛澤東吵架、反對批孔，任何一件都可使他成為名人。梁漱溟一向外表嚴肅，在公共場合正襟危坐，不苟言笑，十足的宋明理學家風度。他一生講儒家哲學，總是為至聖先師孔子辯護，因而西方人送他一頂「最後的儒家」的高帽子，但他卻不承認。他說他雖講儒學，但終生吃素，屬佛家一途。他在晚年曾自言：「人有今生、前生、來生，我前生是一個和尚。」這一說法梁漱溟在離世之前從未和家人說過，也幾乎不向朋友提及。

梁漱溟被稱為最後的儒家，不僅因為他首先站出來為孔子學說進行辯護，並形成了他自己的一套文化思想體系，而且還在於他篤言篤行，行其所信，至死不變。只不過歷史空間再也沒有給梁漱溟「知行合一」的機會。他一生特立獨行，不隨流俗，即使面臨險境亦不易其操，這是真儒的品格。此舉兩例以資證明。

一是關於他的思想。梁漱溟從不掩飾他想些什麼，他說的，他寫

的，也就是他想的，而不管別人怎麼看。西元1941年聖誕節，日本攻占香港，梁漱溟正滯留於此，中共地下黨成員用小木船把他救出。安全抵達廣西後，他在給兩個兒子的信中寫道：「前人云：『為往聖繼絕學，為萬世開太平』，此正我一生的使命。《人心與人生》第三本書要寫成，我乃可以死得，現在則不能死。又今後的中國大局，亦正需要我，我不能死。我若死，天地將為之變色，歷史將為之改轍，那是不可想像的萬不會有的事。」這一番話，連他的好友熊十力在內都認為瘋狂至極，而梁漱溟則回答友人道：「狂則有之，瘋則未也。」這便是梁漱溟的真性情流露。這樣話也只有梁漱溟敢說、有資格說，如果說在當世，肯定要被無數網友攻擊。

二是關於生活。梁漱溟說他信奉佛教，他吃素，但他也結婚，還把結婚看作儒家生活方式的最重要標準之一。西元1921年冬，梁漱溟娶了一個朋友的妻妹。十多年後，夫人駕鶴西去。梁漱溟作了一篇至為委婉而頗多自責的長悼文，後來又寫了一首平淡而哀婉的詩，決心不續娶。但是在西元1943年夏，梁漱溟在廣西桂林遇到了比他小6歲的陳淑芬女士後，深深地愛上了她，兩個人舉行了隆重的婚禮。當時有好幾百人參加，當時有人問他，不是說不再結婚的，為何變了？梁答：「我是個不設防的城市，被人攻進來了。」新娘大窘，辯稱：「是他攻我，我如何攻他？」於是他們到底是誰攻誰，一時傳為笑談。在婚禮上，梁漱溟還為來賓唱了一段「黃天霸」。一段唱完，他便挽著新娘，對來賓說了句道白「我去也」，興沖沖地走了。愛情來時，絕不虛偽做作，梁漱溟的續娶也符合儒家的觀點，儒家是非常重視家庭觀念的。

西元1946年，李公樸、聞一多血案發生後，作為民盟的核心人物，

哲言：語不驚人死不休──大師們的「驚世之言」

梁漱溟在集會上公開宣言：「特務們，你們還有第三顆子彈嗎？我在這裡等著它！」梁漱溟向來為人孤傲，絕不做苟且偷生之事，建國後仍本性不改，因而便有了頂撞毛澤東的事情發生。再到後來「四人幫」橫行，要「批林批孔」，造反派慕名找上門來，希望得到他的支持。梁漱溟既點頭又搖頭說「批林可以，批孔不行」。造反派硬要他講，他便講〈我們今天如何正確評價孔子？〉，批評少稱讚多，氣得一眾人乾瞪眼。後來紅衛兵抄了梁漱溟家，將梁苦心收集的古玩字畫通通付之一炬，梁只是在旁邊冷眼旁觀。但當紅衛兵抱出兩本厚重的精裝本《辭海》和《辭源》時，梁出來阻止了。他解釋道這兩部書是向外地的學生借的，若燒毀就無法物歸原主了。紅衛兵毫不理睬，輕蔑地說：「不用了，我們革命的紅衛兵，有《新華字典》就足夠了。」由於精裝書不易燒毀，紅衛兵就一頁一頁撕著燒。沒辦法，梁漱溟只好視而不見，聽而不聞。

梁漱溟一生充滿傳奇色彩，是中國現代最有個性的學者之一。他6歲啟蒙讀書，生活自理能力卻極差。上了4所小學，還學了時髦的ABCD；只有中學畢業文憑，卻被蔡元培請到全國最高學府；自稱佛家，卻大半過著儒家的生活；身為學者，卻是國共兩個政權首腦的座上客。學者、哲學家、思想家、儒家、佛家，這諸多稱號哪一個才算是真正的梁漱溟？一直以來這都是政學兩界人士爭論不休的一個話題。

梁漱溟的志向是進入北大教書，他所有的學習和工作都是圍繞著這個目標展開的，最後實現了這一夢想。胸懷大志是做職場主角的首要條件。在職場上，一個人若沒有明確的志向，就不可能積極進取，到最後只能淪為龍套，成為別人的犧牲品。志向是指路的明燈，它會告訴我們該怎麼做，該往哪個方向去，是不是該堅持下去。我們的職場志向，就是我們職場道路的保護神。在我們做出一個決定前，先要問問自己，這

個抉擇符合自己的利益麼？能讓我們向著自己的志向更近一些麼？這絕不是空泛的一句口號而已，必須定下志向，而且為此努力才會有收穫。建議有魄力的人都把自己的職場志向寫下來，然後放在一個每天都能看到的地方。從此以後，我們所做的每件事情，都必須和這個志向有關。我們的職場歷程，也要圍繞著這個志向輾轉接近。

哲言：語不驚人死不休──大師們的「驚世之言」

文學大師沈從文

　　愛情具有魔力，古往今來，再偉大的人，也會留下他追求愛情的足跡。似乎，文人對愛情更為敏感。如果在文學創作裡少了愛情的主題，難以想像是一種什麼狀況。其實，在茫茫人海中，不是人人都能遇上一場真正的愛情，甚至於一生都可能遇不到。許多人是在對愛情的概念模糊不清中度過一生，實際上這不是一個大問題，可笑的是，許多人一生都在追蹤新的愛情。「我行過許多地方的橋，看過許多次數的雲，喝過許多種類的酒，卻只愛過一個正當最好年齡的人。」沈從文一生只愛過一個女人，而且這個女人還是他的學生，但是他卻愛的纏綿，愛的乾脆。

　　沈從文（西元1902～1988年）在北京教學的時候，譜寫了一曲勇敢的「師生戀」。他喜歡上了一個美麗的女孩，而且是自己的學生──張兆和。面對窈窕淑女，君子定然好逑，求之無門，沈從文就發動猛烈的情書攻勢，張兆和不堪其擾，心中很是煩惱。有一天，張兆和賭氣帶著一大包沈從文寄給她的情書找到校長胡適，想請他出面制止這一令她難堪的「情書攻勢」。她特別指出了信中一句話：「我不僅愛妳的靈魂，我也要妳的肉體。」張兆和認為這是一種侮辱，作為一個老師，這樣的話怎麼能說出口呢？

　　胡適皺著眉頭，板著面孔，細心聽她陳述了整個過程，然後綻出一絲笑容溫和地對她說：「我勸妳還是嫁給他。」張兆和大吃一驚，但是禁不住胡適誠懇的勸說和認真的分析，她認真想了一想，覺得沈從文各方面也確實不錯，就默不做聲地走了，但是心理對沈從文也產生了好感。

沈從文的人生經歷在今天來看絕對是「草根階層」，能成功確實很不容易。他童年時一直盡情玩耍，直到10歲左右才讀了兩年私塾，13歲時才由私塾進入縣立第二初級小學讀書，半年後轉入文昌閣小學。沈從文天性活潑且貪玩，常常逃學去街上四處閒逛，因此荒廢了學業。最終有驚無險的畢業了。不過沈從文的正規教育也僅是小學階段而已了。小時候的生活對沈從文影響頗深，古老的民間傳說和鄉親之間的濃厚風情，都對沈從文後來的文學創作產生了強烈的影響。

沈從文在15歲時當上大頭兵，而且一當就是5年。整日槓著一把沒有膛線的槍輾轉於湘西沅水流域，還好沒有經歷什麼廝殺。倒是看到了河水滋養著兩岸的生命，看到了田間農民勤勞地耕種。這些無形中滋育了沈從文的性情，所以，他的小說、散文，大都與湘西水土有關。可以說，對自然的生命體驗，培養了沈從文特殊的審美心理，轉化成他小說優美的詩意。

西元1922年，沈從文脫下軍裝，懷著對大城市的嚮往，他做了「北漂」一族，孤身來到北京。他十分渴望上大學，參加了北大二年制的國文班的入學考試，考試時卻是一問三不知，都是他沒有聽過的知識，結果得了零分。主考官十分同情他，把2元報考費破例退還給了他。

沈從文不甘就此破滅「大學夢」，他轉身加入浩浩蕩蕩的北大「旁聽生」大軍行列。當時，北大的旁聽生比正式註冊的學生還多。他們之中，有等著第二年再考的，也有打算畢業後準備再換系學習的，也有等相熟的同學畢業後一起去就業的，還有別的學校學生慕名而來聽課的。有時候旁聽生太多，都能導致正常上課的學生沒有座位。北大實行開放辦學的方針，學校的大門，向一切渴望求知的社會人士敞開。旁聽生不

哲言：語不驚人死不休──大師們的「驚世之言」

僅可以自由旁聽，甚至可以在北大圖書館博覽群書。而北京別的大學，雖然也有旁聽生，卻有名額的限制，唯獨北大對不註冊的旁聽生，毫無限制。如今想在大學課堂上旁聽有點不容易了，本人曾在大學期間嘗試過幾次旁聽，上課鈴響後，在老師和學生疑問的目光和長時間的沉默中，無奈灰溜溜地走人，看來現在的課堂不大歡迎這種聽課方式了。

沈從文就這樣一邊旁聽，一邊在香山慈幼院打工維持生活，業餘時間裡還勤奮寫作。沈從文不愧為北大裡規模龐大的「旁聽大軍」中出類拔萃的佼佼者。沈從文根據自己的學習興趣，主要選取中文系、歷史系、日語系等的課程進行旁聽。數載的旁聽生涯中，他以務實的態度虛心求學，努力汲取知識的寶貴營養。沈從文在各方面均打下了堅實的基礎，為日後成為一代文學大師做好了充分的準備。就這樣，沈從文做了幾年的旁聽生，不知不覺中熄滅了上大學了念頭。沈從文回憶這段經歷時，用了一個別人不常用的詞：耐煩。意識是說自己並不是天才，只是耐煩，耐住了煩惱，耐住了寂寞。從沈從文的經歷來看，他的成長道路應該說是非常不容易的，但是他能成功，靠的是頑強的意志和虛心的態度。

在沈從文生活最絕望的時候，曾寫信給郁達夫求助。郁達夫接到這個陌生人的求助信後，沒有迴避，竟然按照信的地址找到了他，看到沈從文在四處漏風的屋子裡瑟瑟發抖的堅持寫作情景很是感慨。郁達夫慷慨解囊請沈從文吃了一頓飽飯，走前還留給他幾塊錢，回去後郁達夫寫下激憤的〈給一位文學青年的公開狀〉，以幫助沈從文改善其生活艱苦的環境。前輩對後生的提攜完全是發自內心，沒有任何企圖和要求回報。除郁達夫外，北大的周作人、辜鴻銘等教授，都曾在創作與生活等方面，給予沈從文不少的幫助。在北大多名教授的提攜下，沈從文很快結

識了徐志摩、聞一多等文學界的名流，從而一步步跨進了文學圈。

西元1924年，沈從文迎來了命運的轉機，他的作品陸續《晨報》、《語絲》、《晨報副刊》、《現代評論》上發表。4年以後，當他遷居上海，與丁玲、胡也頻一起創辦《紅黑》雜誌時，已是一位小有名氣的青年作家了。在徐志摩的介紹下，他被胡適聘為教師。然而木訥、沒有經歷過大場合的沈從文第一堂課就洋相百出，他萬萬沒有想到在那些目睹他出洋相的女學生中，就有以後成為他夫人的張兆和。

沈從文第一次登上講壇那一年正好26歲，他站在講臺上，抬眼望去，只見黑壓壓一片人頭，心裡陡然一驚，大腦一片空白。起初，教室裡人聲鼎沸，學生們都樂呵呵地看著他的狼狽相。5分鐘過後，教室裡的聲浪逐漸低了下去，到最後，滿教室鴉雀無聲！這種情況相信我們很多人都遇到過，或者親身經歷過。萬事起頭難，沈從文那個時候已經是半個名人了，接觸的也都是重量級人物、名角了，鍛鍊的場合已經很多了，尚且如此，何況我們普通一員呢？看來當眾演講卻是一個難關，能挺過去就會「登堂入室、一舉成佛」，挺不過去也就很難脫胎換骨。沈從文慢慢調整呼吸，最後總算平靜了下來，終於開了口：「你們來了這麼多人，我要哭了。」這第一句顫顫悠悠飄出去，就像衝破了堤壩的束縛，累積的洪水終於破堤而出。他一面急促地講述，一面在黑板上抄寫授課提綱。

就像《圍城》裡的方鴻漸第一次登講臺一樣，準備了滿滿一堂課的內容，自以為很充實，不料十多分鐘便把要說的話全說完了。無論怎麼搜腸刮肚，腦子裡半句詞都沒有了。他再次陷入窘迫。最終，他只得拿起粉筆，在黑板上寫道：我第一次上課，見你們人多，怕了。

哲言：語不驚人死不休──大師們的「驚世之言」

下課後，學生們議論紛紛。消息傳到教師中間，有人說：「沈從文這樣的人也能來上課，半個小時講不出一句話來！」這議論又傳到胡適的耳裡，胡適笑笑說：「上課講不出話來，學生不轟他走，證明學生還是喜歡他的，這就是成功。」胡適的愛護之情溢於言表，試想如果將沈從文辭退的話，也許沈從文這一生都不會再踏上大學的講臺了。沈從文也頗有自知之明，從那以後一上課他就會說，「我的課講得不精彩，你們要睡覺，我不反對，但請不要打呼嚕，以免影響別人。」這麼很謙虛地一說，反倒贏得大家的諒解。

沈從文就這樣開始了他的教學生涯，不久，他就注意到了學生堆裡那雙美麗的大眼睛。很快，這雙大眼睛的主人成為他熱戀的對象。18歲的張兆和不僅是學校的校花，還是體育明星，曾奪得女子全能第一名。她聰明可愛，單純任性，身後有許多追求者，她風趣地把他們編成了「青蛙一號」、「青蛙二號」、「青蛙三號」。她的二姐張允和取笑說沈從文大約只能排為「青蛙第十三號」。

自卑木訥的沈從文不敢當面向張兆和表白愛情，他悄悄地給張兆和寫了第一封情書。沒有回音，他的情書就一封封寄了出去，張兆和欣喜之餘，又自感害羞，把它們一一作了編號，卻始終保持著沉默。後來學校裡起了風言風語，說沈從文因追求不到張兆和要自殺。張兆和情急之下，拿著沈從文的全部情書去找胡適理論。由於沒有得到校長胡適的支持，張兆和只好聽任沈從文繼續對她進行的感情文字的狂轟濫炸：

「妳的眼睛還沒掉轉來望我，只起了一個勢，我早驚亂得同一隻聽到彈弓弦子響中的小雀了。我是這樣怕與妳靈魂接觸，因為妳太美麗了的緣故。」

「我僥倖又見到妳一度微笑了,是在那晚風為散放的盆蓮旁邊。這笑裡有清香,我一點都不奇怪,本來妳笑時是有種比清香還能沁人心脾的東西!」

與胡適會面之後的幾天裡,張兆和接連收到沈從文寄來的情書。其中,沈從文7月12日寫給她的信函竟長達6頁。正是這封6紙長函,深深地打動了張兆和。她在當天的日記中寫道:看了他這信,不管他的熱情是真摯的,還是用文字妝點的,我總像是我自己做錯了一件什麼事因而陷他人於不幸中的難過。但他這不顧一切的愛,卻深深地感動了我……

西元1932年夏天,愛情長跑終於見到了曙光。張兆和大學畢業回到了蘇州的老家。沈從文帶著好友巴金建議他買的禮物 —— 許多西方文學名著 —— 敲響了張家的大門。在蘇州停留的一週時間裡,張兆和終於接受了沈從文的感情,長達3年的情書追求有了一個美滿的結果。但是靦腆的沈從文卻沒有當面向張兆和的父親提親。7天後,沈從文離開了蘇州,返回青島後寫信給二姐張允和,託她徵詢未來的岳父對這樁婚事的意見。

張兆和的父親思想開明,對兒女的戀愛、婚姻,從不干涉。在張兆和的婚事上,他自然也不持異議。在得到父親的明確意見後,張允和與張兆和一同來到了郵局,發了一份電報給沈從文。張允和的電報,就一個字「允」。電報發出去了,張兆和卻仍不放心,她擔心沈從文看不懂,就給沈從文發去了另一封電報:鄉下人,來喝杯甜酒吧!

抗日戰爭爆發後,沈從文隨學校輾轉到昆明西南聯合大學任教授。抗戰勝利後,又回到北京大學任教。西元1949年以後有同事及朋友提醒

哲言：語不驚人死不休——大師們的「驚世之言」

沈從文要積極向共產黨靠攏，爭取早日入黨，沈極為不屑，面帶慍色，拂袖而去。後來沈從文被劃為「右派分子」，安排在京郊農場勞動改造，他低眉順眼，陪著十萬個小心，辛苦勞作，艱苦力撐。

文革時期有段時間，沈從文每天在天安門歷史博物館掃女廁所。他當時這麼說：「這是造反派領袖、革命小將對我的信任。雖然我政治上不可靠，但是道德上可靠。」文革後，記者採訪沈從文。沈從文一直都很坦然，他說那時被安排打掃廁所，是多麼的盡心盡責，連縫道中的汙垢都被他用指甲摳了出來，然後有些得意地說，我打掃的廁所在當時可是全北京最乾淨的。一個年輕的女記者心酸地走到沈從文的身邊，輕輕拍了拍他的肩，說：「沈老，您受苦了。」眼裡隱約有淚光閃動。剛才還是鎮定自若的沈從文，忽然一把抓住女記者的手臂，失聲痛哭了起來，就像一個受盡委屈的孩子一樣，哭了很久才慢慢緩和下來，誰也勸不住，只能任由他發洩。在場的很多人都說，從來沒有見過沈老這麼失態過。當時有學生於心不忍，勸他多保重身體，想開點。他怒目相向，厲聲喝斥道：「我還要入黨呢！」

文革後，沈從文隨團赴美訪問，其言談傾倒眾生，大異於其他剛經歷十年浩劫的人，有人用「此老耐寒」形容他。此行，沈從文遇上舊時學生林蒲，林好奇問，先生如何捱過動亂年代的痛苦？沈只以低到像是自語的聲音回答：「投巖麝退香，你懂嗎？這是一個讓人動容的典故：傳說中，麝被獵人追到極處，會自行撕裂香囊，投巖而亡。

沈從文第一次登上講臺的尷尬，相信我們許多人也經歷過或者見識過，他處理的很到位，既保全了自己的顏面，也得到了學生們的諒解。我們的職場生涯會遇到很多的第一次：第一次在大庭廣眾之下發言，第

一件敲開客戶的辦公室門,第一次遭遇莫名其妙的謠言,第一次被同事孤立、排擠,第一次被上司訓斥、辭退……無數個「第一次」最能暴露一個人處理問題的應變能力,也能促進這個人快速的成熟起來。無論我們在職場遇到哪些突發的「第一次」,最關鍵的就是學會控制自己的情緒。事實可以證明,控制情緒,可以使我們遇事多思考,多想想別人為什麼會這樣對待自己,多想想這件事情背後的因素,就會認真對待,慎重處理。有句話說的好,衝動是魔鬼!當我們的情緒起伏不定時,不要為了一時之快,做出不冷靜的言行來。可反覆提醒自己:「別發怒,要冷靜,衝動解決不了任何問題。」這樣,就可以遏制情緒上的衝動,避免不良後果。久而久之,我們會遇事不慌,鎮定自若,即使自己心理面仍然七上八下,但是這份氣度卻讓人信服。

哲言：語不驚人死不休—大師們的「驚世之言」

哲學：世事洞明皆學問

—— 工作中的另類哲學

哲學：世事洞明皆學問─工作中的另類哲學

鐵肩辣手邵飄萍

優秀的記者採寫的新聞往往出人意外，又在情理之中。他們必須判斷、辨識出最有價值的新聞事實予以報導，即看到矛盾的特殊性。可以說，抓住了矛盾的特殊性就抓住了新聞，也就可以把民眾的興奮點從「視若無睹」、「習以為常」中啟用。任何物質運動形式，其內部都包含著本身的特殊矛盾，這種特殊矛盾就構成此事物區別於彼事物的特殊本質。邵飄萍的新聞報導以新、奇、快、真取悅民眾。有的新聞稿件選擇的角度非常獨到，引起同行和民眾的嘆服，收到良好效果，更體現出他的前瞻性。

西元 1926 年 4 月 24 日，著名記者邵飄萍（西元 1886～1926 年）被抓捕，並於 4 月 26 日凌晨被祕密執行槍決。刑場上，邵飄萍表現得非常從容和鎮定，臨刑前，他對現場進行監督的官員和執法的士兵說了句：「諸位免送。」然後仰天大笑，從容就義。那一年，邵飄萍 40 歲，一位著名記者的生命就此走到了盡頭。邵飄萍因直言敢諫開罪了直奉軍閥，最後被當時的奉系軍閥張作霖殺害於北京天橋。死前，北京、上海、漢口等十三家報紙代表和廣大民眾曾極力設法營救，然而未能挽救他的性命。在專制統治者看來，邵飄萍永遠是個異議的知識分子、搗亂分子。哪裡出現點醜陋，沒幾天就會在報紙上曝光，無論是恐嚇還是用錢收買，邵飄萍就是不妥協，這讓當政者十分擔憂，最終將他一殺了之。

邵飄萍是北京大學新聞學研究會創立者，「五四運動」的實際發起人，著名新聞工作者，中國新聞理論的開拓者、奠基人。他的名字已成

為新聞史上最光彩奪目的名字。他以報紙和通訊社為武器，宣傳真理，抨擊邪惡，銳意改革，為新聞事業貢獻了畢生精力。後人譽之為「亂世飄萍」、「一代報人」、「鐵肩辣手，快筆如刀」等等。他所著的《新聞學總論》和《實際應用新聞學》是中國最早的一批新聞理論著作，指引了無數熱血青年投身於新聞事業中。

‧邵飄萍作為記者15年，最著名的就是他的採訪功夫。他之所以多次被捕入獄，是由於他常常能夠挖到獨家新聞，爆出常人不知但又想知道的政界祕聞、醜聞。因此，許多人一聽到邵飄萍的名字，就頭痛，躲也不是，不躲也不是。

邵飄萍年輕時曾是孫中山民主革命的積極支持者。在《臨時約法》頒布後，他投身於「新聞救國」事業。西元1912年，邵飄萍因為在報上直斥袁世凱為「袁賊」，《漢民日報》被查封，他被迫逃亡日本，繼續進行討袁鬥爭。袁世凱死後，他才回到中國。

第一次世界大戰爆發後，中國政府起初舉棋不定，有人主張參戰，有人主張中立，各執一詞，莫衷一是。經過一段時間的醞釀，終於在國務會議上作出了決定，參加協約國（英、美、法方面），對同盟國（德、意、奧方面）宣戰。作為《申報》在北京的特派記者，邵飄萍登門求見段祺瑞。段祺瑞得知邵飄萍拜訪，猶豫良久，還是讓他進來了。雖然段祺瑞絕口不談「政府決定」，但是抵不上邵大記者的多路出擊，又加上再三懇求，並且邵還提出了「三天內如果在北京城走漏這個消息，願受洩漏國家祕密的處分，並以全家生命財產作擔保」的保證。段祺瑞一想，三天之後這個決定就不是什麼祕密了，也就同意了，還讓邵飄萍把保證書當場立下。

哲學：世事洞明皆學問—工作中的另類哲學

這時，段祺瑞才源源本本告訴他。內容不過是中華民國決定參加協約國對同盟國宣戰。細節也說了說，首先調動在法蘭西的15萬華工，協助協約國修築工事等等。不管北洋政府名聲怎樣，段祺瑞能在第一次世界大戰中站對了隊伍，最終成為勝利國，還是有功勞的。

邵飄萍得了這個機密，辭別段祺瑞，坐著汽車直接去電報局。他把這個消息用密碼拍到上海報館。上海報館接到這項重大新聞後，當即就印行了幾十萬份「號外」在上海灘叫賣。當時津浦路還沒有通車，報紙由上海到北京必須由輪船運，要走四天路。當上海的號外運到北京時，已經超過「三天內北京城裡不得走漏消息」的約期了。雖然段祺瑞很快從上海打來的電話中知道了這一情況，但是北京城內的老百姓還矇在鼓裡，邵飄萍並沒有違約。由此可以看出，邵飄萍對於被採訪對象的心理是掌握得非常準的。

但是，邵飄萍認為這種採訪方式的使用是需要有限制的，對此他提出過兩條記者所應當遵循的原則：一是要有正當的理由，即在道德行為或目的上應是高尚的；二是事後一定要給當事人解釋清楚原委。否則的話，將會授人以話柄，有作偽、說謊、假扮之嫌。由此可見，邵飄萍在使用這種方法的時候是非常小心謹慎的，由此我們也可以看出邵飄萍本人正直的品德。這只是一種迂迴的技巧，而不是欺騙的手段。這也讓我們聯想到當今的一些記者，沒有職業道德，為了搶占市場，不惜造假新聞誤導輿論，有時還對當事人採用欺騙的手法炮製新聞背景，令人不齒。

邵飄萍被聘為《申報》駐北京特派記者期間，他每日發電二三千字，隔一天還要寫「北京特別通訊」。由於這些報導大多揭露北洋政府的黑暗

與醜聞,他的名字「邵飄萍」一時風靡全國。

西元1918年,邵飄萍與北京大學校長蔡元培及教授徐寶璜一起創立了「北京大學新聞學研究會」,由此揭開了中國新聞學教育和研究的序幕。他作為新聞學會的導師,帶出了一批優秀的學生。在北京的兩年中,邵飄萍看到,北京的報紙幾乎都被各個政治集團操縱。報紙不尊重事實,而是以一黨一派的私利和津貼為宗旨,朝秦暮楚、捕風捉影的現象並不少見。這樣的狀況讓邵飄萍深感要有自己獨立的報紙,不依附於任何權勢集團,獨立地發言、獨立地報導,把真實情況告訴民眾的重要性,於是決定自己出資辦一份報紙。同年10月5日,邵飄萍辭去《申報》的職務,創辦了《京報》。《京報》創刊時,邵飄萍特地寫了四個大字「鐵肩辣手」掛在編輯室正面的牆上,以自勉和激勵同事。「鐵肩辣手」取自著名詩句「鐵肩擔道義,妙手著文章」。一字之改,反映了邵飄萍胸懷真理、不畏強暴的倔強性格和辦報宗旨。《京報》以「探求事實不欺閱者」為第一信條,凡事必力求實際真相。無黨無派,不受軍閥操縱,主張言論自由,成為民眾發表意見的媒介,很快就受到廣大讀者的喜愛。

「五四」的前夜是個準備直接行動的不眠之夜,作為新聞學研究會的導師、邵飄萍發表了慷慨激昂的演說。他大聲疾呼「北大是最高學府,應當挺身而出,把各校同學發動起來救亡圖存,奮起抗爭。」他的報紙更是熱情地支持「五四」運動。因為邵飄萍發動和宣傳「五四」運動,《京報》誕生不久就被查封,邵飄萍再次流亡日本。

時隔一年,段祺瑞政府垮臺臺,邵飄萍返回北京復活《京報》。復刊後的《京報》不改初衷,尤其是對北洋政府喪權辱國,大小官員貪殘橫暴的揭露更是不遺餘力。對於被他經常痛罵的政界要人,邵飄萍私下裡卻

非常重視和他們的交情。邵飄萍就是憑著廣泛的社會關係、憑著自己與各層人士多年的交情，挖到自己想要的新聞的。邵飄萍出手大方，又講排場，經常宴請一些官僚政客。邊吃飯、邊喝酒、邊高談闊論，往往酒意正酣的時候，機密也就不經意地吐露出來了。一次，邵飄萍在北京飯店宴請全體內閣成員、府院祕書長。就在他們興致勃勃、海闊天空的時候，邵飄萍卻在隔壁房間安排了人，準備好電報紙，又讓兩輛腳踏車在門外等候，消息隨寫隨發，宴會還沒有終止，消息就已經到達上海。在那個年代就能這樣做，邵飄萍的確頭腦靈活，這種即時傳發的消息，和我們現在電視臺與記者連線頗有相通之處。

邵飄萍認為，在採訪中要既無敵友概念，也不以道德為交際標準，只看對方是否與新聞有關。但是，一種沒有是非的交友標準很容易使人隨波逐流。我們從小學到的交友標準是「近朱者赤，近墨者黑」，而邵飄萍卻既近朱、又近墨，而且做到了九面玲瓏，會不會讓我們覺得他這個人太圓滑了呢？實際上，邵飄萍有自己的一套原則，雖然與各階層的人都來往，但是他認為應該保持思想、品德的獨立，使人人視為可親，而又視為不可侵犯，他很懂得掌握分寸。

西元1925年底，邵飄萍利用《京報》的一個特刊，歷數了張作霖的惡跡。張作霖隨即拿出30萬元，賄賂邵飄萍，希望《京報》能夠替他美言幾句。沒想到邵飄萍立即將款退回，他對家人說：「張作霖出30萬元買我，這種錢我不要，槍斃我也不要！」這種軟硬不吃、義無反顧的勇氣讓張作霖十分惱怒。

西元1926年3月18日，為抗議帝國列強的外交壓力，北京學生總會、北京總工會等140餘個團體和北大、清華等80餘所大中小學校，

包括邵飄萍創辦的務本女子大學的學生共數萬人在天安門前舉行示威大會。當隊伍遊行至段祺瑞執政府門前廣場時，遭到北洋軍閥政府軍警的射殺，當場死46人，重傷155人，輕傷不計其數，時稱「三一八」慘案。《京報》連續兩天以兩個整版的篇幅報導了此次慘案，並持續報導了將近一個多月。邵飄萍本人又急赴各地採記，還寫下大量揭露、駁斥、抗議和警告北洋軍閥政府的文字，他嚴正提出組建「特別法庭」，指名緝拿「執政總理」為首的「政府凶犯」，使犯罪者伏法。

邵飄萍的正義行為激怒了北洋當局，他們透過一切手段查封了他的報紙，抓住了他。為了避免有人說情、營救，為了永絕後患，簡單審訊後，就將邵飄萍押赴刑場。正如邵飄萍臨死前的一篇文章中寫的，他的一生既不是國民黨，也不是共產黨，他是一個徹底的自由主義者，始終保持獨立的人格，是作為記者所應該堅持的最高貴的品格。

與邵飄萍結為摯友的馮玉祥將軍，在邵飄萍遇難後，寫下了這樣的文字：邵飄萍主持《京報》，握一枝毛錐，與擁有幾十萬槍支之軍閥搏鬥，卓絕奮勇，只知有真理，有是非，而不知其他，不屈於最凶殘的軍閥之刀劍槍炮，其大無畏之精神，安得不令全社會人士敬服！於是「飄萍一枝筆，抵過十萬軍」的美名就由此而傳出。

邵飄萍在新聞採訪的工作中開創了許多先河，成為後來的新聞工作者沿用和借鑑的對象。我們都知道工作方法並不完全決定成敗，但沒有好的工作方法，往往會導致失敗，或者工作的成果不引人注目。幾乎沒有什麼因素能夠像工作方法直接而廣泛地影響一個人的職業前途，並決定他的工作結果和成敗。有的人在工作中採用深思熟慮、巧妙的工作方法，其工作成效顯著；而有的人用最笨、最沒有效率的工作方法，雖然

哲學：世事洞明皆學問—工作中的另類哲學

也完成了工作，但效果卻不佳。當把二者的工作績效進行比較時，這個話題就變得吸引人了。顯然，這兩種工作方法所產生的結果差距巨大，而工作方法對人們的影響不僅僅體現在職業成就上，也影響到個人生活。我們經常討論工作的負面作用，比如說，它帶來了過重的負擔，它使我們的生活節奏趨於瘋狂，它損害了我們的健康等等。而我們有理由堅信，這些問題以及類似的抱怨，很多都是與工作方法不當有關。大量的艱鉅工作並不會使人們輕易病倒，它僅僅會使人感到疲倦罷了。人們在工作職位上堅持不下去，是因為他們從事的工作沒有效率、沒有意義並且無法走向成功。雖然良好的職業訓練、足夠的智慧和經驗以及其他特質、能力、才幹都很重要，但如果沒有適當的工作方法，這些都將失去價值，它們頂多只是一些尚待開發的潛能。

● 辜鴻銘的辮子

辜鴻銘說：「我頭上的辮子是有形的，你們心中的辮子是無形的。」這個有趣的世界，以無形創造有形，又以有形毀滅或完善無形，這就致使人們對有形和無形產生了不同的欲望。這其中的一部分人，在追求物質的同時也追求精神，用精神指導對物質的欲望，用物質滿足對精神的追求。還有一部分人，想以自己的精神掌控別人的精神，從而掌控別人的物質，這就形成了貪婪的妄念。許多年輕人在職場中普遍表現出來的不是自信，而是自負和自傲，使他們在融入工作環境方面顯得緩慢和困難。他們缺乏合作精神，不願和同事一起想辦法，每個人都會做出不同的結果，最後對團隊一點用也沒有。

辜鴻銘（西元 1857～1928 年），這位「北大第一怪人」，並沒有隨著歲月的流逝淹沒在歷史的長河中，反而成為人們津津樂道、無限追憶的對象。辜鴻銘生在南洋，學在西洋，娶妻東洋，仕在北洋。辜鴻銘行事怪，說話也有兩怪：一是罵人，他性格孤僻，憤世嫉俗，看不慣之事敢罵、善罵。二是詭辯，說話幽默，又飽含哲理，令人無法辯駁。辜鴻銘是一個時代的反抗者，並且是一個良心的反抗者，良心上覺得不對的，就要罵，而且要痛罵！辜鴻銘之「尊貴」，在於他不遺餘力地宣揚中國和中國文化。按理說，辜鴻銘在年少的時候接受了系統的西式教育，應該是一個「崇洋派」，然而他始終都在不遺餘力地「倒洋」，並且竭力為中國建立國家形象，這一點他做得比誰都要徹底。他在語言方面似乎有著天賦異稟，他精通中、英、法、德、日、俄、拉丁、希臘、馬來語等九

哲學：世事洞明皆學問—工作中的另類哲學

種語言，利用所掌握的語言這門利器，他在極短的時間裡轟動了整個歐洲，為其個人以及整個中國都產生了巨大的影響。

辜鴻銘的義父布朗先生曾對他說：「你可知道，你的祖國中國已被放在砧板上，惡狠狠的侵略者正揮起屠刀，準備分而食之。我希望你學貫中西，擔起富國治國的責任，教化歐洲和美洲。」我們都知道決定一個人一生的成就，以及整個命運的時刻，往往只是一瞬之間。一個人如果沒有自尊的脖子，就無法支撐自信的頭顱；自己沒有深厚的背景，就需要主動找到自己的前景。對於一個缺乏自尊的人，誰也不能把尊嚴給他，對於一個缺乏自尊的國家，得到的永遠是恥笑和蔑視。這一刻，辜鴻銘牢記義父的教誨，早在他遊學各國期間，就開始用他那副鐵齒銅牙和滿腹經綸的學識，為中國揚眉吐氣。

有一次，他乘火車出行，為了消磨時間，辜鴻銘隨手拿起一張德文報紙。一向愛搞怪的他竟然倒拿著報紙看。這時，坐在他身邊的兩個德國人像看到了異類，就小聲取笑，其中一個德國人還向同車人大聲嘲笑說：「看哪，這個愚蠢的中國佬根本就不懂德文，連報紙拿倒了都不知道。」說完，兩人肆無忌憚地大笑起來，車廂裡的其他人也都開懷大笑。辜鴻銘放下手中的報紙，用純正的德語正色說道：「你們這種毛頭小子，真不知天高地厚！你們德國的文字就這麼幾個字母，我就是倒過來看也毫不費力。」這一口道地而又流利的德語先就讓那兩個德國人大吃一驚，但辜鴻銘並不就此罷休，他還真的當眾表演了一回倒讀報紙的本事。最後，辜鴻銘還不忘痛打落水狗，引經據典，數落起德國的文學、歷史、政治等不盡人意之處，在滿車廂的人目瞪口呆下，把德國批判的體無完膚。

他雖然生活在國外，但從未忘記自己是中國人，每逢過年過節，總

買些酒菜，點上香火，虔誠叩拜一番，雖然不免引起洋人的側目，但他年年如此。一次，房東忍不住問他：「你的祖先什麼時候會來享用你的這些魚肉啊？」他說：「應該就在您的祖先聞到您所孝敬的鮮花香味的那個時候吧。」對外國那些品行不好的少年，他也毫不客氣。有一次，辜鴻銘在英國乘電車，兩個浪蕩形骸的西洋少年用英文大聲訕笑他。辜鴻銘聽了十分惱怒，立刻用極流利的英文罵了過來，言語犀利令兩少年大吃一驚。洋少年狡猾的改用法文反擊，辜鴻銘又用流利的法文把對方狠狠罵了一通。兩少年沒想到在簡陋的電車上竟然有這麼一位寂寞的語言高手，被辜鴻銘罵的無地自容，狠狠地溜下電車。

　　能這樣徹底震住外國人，辜鴻銘絕對是近代中國的第一人。辜鴻銘不但深得歐美文化的精髓，而且他創造性地向西方譯介了「四書」中的三部，即《論語》、《中庸》和《大學》。他最著名的著作《中國人的精神》（他自譯為《春秋大義》）為他贏得了世界性聲譽。這部著作被譽為「一部震炫歐洲思想界的煌然鉅著」，在德國還掀起一股「辜鴻銘熱」。這是辜鴻銘向西方正式傳播和介紹的中國人的精神和內涵，成為西方國家了解中國人的一個載體。辜鴻銘在歐洲文化界所得到的讚譽和評價是前所未有的。法國文豪羅曼·羅蘭（Romain Rolland）說：「辜鴻銘在歐洲是非常著名的。」丹麥評論家勃蘭兌斯（Georg Brandes）稱他為「現代中國最重要的作家」。就其著作在歐美的閱讀範圍和產生過的轟動效應而言，從來還沒有一個中國人被西方如此認可，並得到這樣高度評價。這一時期的辜鴻銘可以說達到了他聲名的頂點，真正是炙手可熱，所以辜鴻銘的狂與怪也就不足為奇了。

　　辜鴻銘到底是什麼形象呢？周作人有這樣一段描述：「他生得一副

哲學：世事洞明皆學問—工作中的另類哲學

深眼睛高鼻子的洋人相貌，編了一條灰白小辮，冬天穿棗紅寧綢的長袖方馬褂，上戴瓜皮小帽。」辜鴻銘怪就怪在他一副前清遺老的形象。其實，辜鴻銘之所以能成為一大奇觀，是以他深厚的文化底蘊為基礎的，只不過，他的文化底蘊卻是以西學為主，而他在致力維護中國文化和中國精神方面卻有失偏頗。他的那套奇談怪論，對西方文明鞭辟入裡的哲學批判，反倒讓那些自以為是的洋人們引為高見；那些令人側目而視的奇行，更令人們將其當作怪物。也許是應了那句「牆內開花牆外香」的老話，在國人眼裡瘋瘋癲癲、稀奇古怪、派頭十足的辜鴻銘，在西方人眼裡卻是炙手可熱。由於他是第一位致力於向西方介紹中國典籍、中國精神的人。因此在西方人眼裡，他是東方文化的代言人之一。辜鴻銘對於北京，對於那個新舊交替、中西交會的時代，卻是一種文化上的「板塊碰撞」現象，碰撞出的，是一座絕塵仰止的高山。

辜鴻銘給北京這座古都，乃至這個古老的國度留下的最令人回味的一筆是他在北大當教授時留下的。辜鴻銘每日裡以他那副代表性的裝束，在北大激昂亢進的革命氛圍中，保持著鮮明的個人姿態。他用純熟的西方語言宣揚古老的東方精神，他反對女生上英文課，反對新文化運動，這在當時的北大校園裡的確是獨樹一幟。辜鴻銘曾對英國作家毛姆（William Somerset Maugham）說：「我留著這條辮子，那是一個標記，我是老大中華末了的一個代表。」當辜鴻銘梳著小辮第一次走進北大課堂時，學生們哄堂大笑。辜鴻銘一語釋疑，說出了一句極富哲理的話，他平靜地說：「你們笑我，無非是我的辮子，我的辮子是有形的，可以剪掉，然而諸位同學心中的辮子卻是無形的，就不是那麼好剪啦！」聞聽此言，眾人無不對這位怪人隨口而出的哲學領域的話充滿敬意，教室裡立刻沉寂下來。

辜鴻銘的辮子

奧列佛曾說:「人的智慧如果滋生為一個新點子時,它就永遠超越了它原來的樣子。」打破常規,突破傳統思維的束縛,哪怕是一個小小的想法,也會產生非凡的效果。辜鴻銘從小受西方教育方式影響較大,所以並不完全拘泥中國的教學方式,上課時經常跑題,信馬游韁。在課堂上,辜鴻銘常常借題發揮,大力宣講中國的傳統文化。他把《千字文》和《人之初》譯成英文,在課堂上教學生用英文念《千字文》,說是念,其實更像唱,音調很整齊,口唸足踏,全班合唱,教室外的人聽起來甚覺可笑。再看他的模樣,越發的詼諧滑稽,倒讓學生們樂而忘倦,這種獨一無二的教學方法很受學生們的歡迎。上課時辜鴻銘常帶一個童僕為他裝煙倒茶,他坐在靠椅上,慢吞吞地講課,一會吸水煙,一會喝茶,完全把教室當成了自己的書房,學生們也只能無奈地陪著他。後來辜鴻銘竟然發展到在一個學期裡只教了學生六首英詩,讓學生們對這位怪人既愛又恨。

辜鴻銘還對學生宣告:「我有三章約法,你們受得了的就來上我的課,受不了的就趁早退出:第一章,我進來的時候你們要站起來,上完課我先出去你們才能出去;第二章,我問你們話和你們問我話時都得站起來;第三章,我指定你們要背的書,你們都要背,背不出不能坐下。」這就是辜鴻銘,這份派頭永遠都是十足的。

北大請來的那些一流的洋人教授見到他也都十分恭敬。他看見英國教授,用英文批判英國不行;看到德國教授,用德文批判德國不好;看到法國教授,則用法文批判法國不道德,把這些世界一流的洋人教授一個個批得心服口服。善於運用中國的觀點來批評西洋的社會和文化,能夠搔著人家的癢處,這是辜鴻銘能夠得到西洋學術界讚美佩服的一個原

哲學：世事洞明皆學問──工作中的另類哲學

因。他在思想上最善哲學之辯，能把社會和生活中簡單的現象上升到哲學的高度和深度，讓西方人極其追捧。他被西方人評為近代中國最有脾氣也最有骨氣的人物之一。

辜鴻銘的思想和語言時時透出一股參透世事的哲學態度和幽默，常常讓那些自命不凡的西方人甘拜下風。有一次，辜鴻銘在家裡宴請歐美友人，點的是煤油燈，煙氣嗆鼻。歐美友人說，煤油燈不如電燈和汽燈亮，辜鴻銘笑說：「我們東方人，講求明心見性，東方人心明，油燈自亮。東方人不像西方人那樣專門看重表面功夫。」他的這一套所謂的東方哲學還真能唬住這些洋鬼子，在洋鬼子眼裡，大師的話總是充滿了玄機和富於哲理。

面對當時內憂外患的中國，辜鴻銘為中華傳統文化的斷落而憂患，為炎黃文明的塗炭而憂患，他在自己的作品中多次表達了對中國文化的自尊與憂患的深層嘆息。許多人僅僅把他的行為當成一個笑料的製造者，卻忽略了他內心的痛苦，忽略了他對東方文化的積極思考，忽略了他對這片土地命運的深切關注，也忽略了他曾做出的堅定而絕望的掙扎。博學又愛國的辜鴻銘，因為看得透，所以不躁；因為想得遠，所以不妄；因為站得高，所以不傲；因為行得正，所以不懼。辜鴻銘的意義在於他是那個崇洋媚外的年代中堅定不移的民族主義者，在於他讓世界了解到了中國文化的精義。

辜鴻銘的一生給我們的職場啟示是：「無論你覺得自己行不行，有自信才是對的。」在職場中沒有什麼比我們的自信更加強大有力了。這些自信就是我們來聚焦這個強者生存的職場鏡頭。如果我們覺得自己不具備這個能力，那大腦就會找到充足的證據來證明這個想法。如果我們覺

辜鴻銘的辮子

得自己有能力達到它,那同樣地,我們的大腦也會自動地鎖定一些堅實的證據來支持這個想法。我們的個人成就和這個世界、社會或者其他什麼東西都關係不大,只和我們自己的信心關係最明顯。只有內心強大的人,才能真正強大。

哲學：世事洞明皆學問—工作中的另類哲學

北大怪才黃侃

　　黃侃有一句經典名言：五十之前不著書。他一生治學嚴謹，對自己傳世之學的要求甚為苛刻，為了精確地掌握第一手材料，甚至達到細察秋毫之末的程度，絕不惜力。教與學中，他最大限度地開發了生命潛能，使一生成為教不自滿、學不厭倦、教學互補、生生不息的動態的辯證過程。在他的觀念裡，劣書是損害人們精神思想的毒藥，像蓬勃滋生的野草，侵蝕著後世人的頭腦，不但無益，而且為害甚大。黃侃強調「不得妄下雌黃」，克制、謙虛、執著，既是他的人生態度，也是我們工作中不可丟棄的職業素養！

　　黃侃（西元1886～1935年）自小天資聰慧，縱覽諸子、史傳等著作，鄉里人呼為「聖童」。早年曾在日本早稻田大學讀書。當時章太炎也在那裡讀書，和黃侃住在同一幢樓，黃在上層，章在下層，不過兩個人並不認識。關於二人如何相識，有一個流傳最廣的說法。有一天黃侃在宿舍讀書到深夜，內急又懶得下樓，便推開窗戶盡興而為。章太炎讀書興趣正濃，忽聞窗外響起嘩嘩之聲，接著飄進一股尿騷味。章太炎大怒，對著樓上破口大罵。章太炎的國罵水準相當有造詣，黃侃自然也不是等閒之輩，兩個人就這樣盡情揮灑了半天，都暗自佩服對方了得。吵到最後，兩人竟然互相攀談起來，互通姓名後，遂將話鋒轉到學問上，兩人越談越投機。黃侃大為折服，拜章太炎為師。

　　章太炎清高孤傲，對近世文人極少嘉許，唯獨對黃侃刮目相待。西元1914年2月，章太炎從日本回國後因反對袁世凱稱帝，遭到軟禁。

此時黃侃正接受北大之邀來京擔任教授之職，輾轉打聽到太炎先生的下落，便冒著生命危險前往探視。黃侃見章太炎寂寞一人，便以請老師講文學史為由，留下來伴宿。黃侃與章太炎共居數月後，終被警察驅逐，從中卻能看出黃侃對老師的那份深情厚誼和勇者之風。黃侃雖是一介書生，他的行為卻從骨子裡透出一股勇敢無畏的俠士風格。工作中善良的人處處皆是，但是善良如果不能和勇敢結合在一起就一無可取，充其量也就是「好好先生」、「老實人」，這樣的人在上司眼裡就是缺少進取心和鬥志的普通員工。

黃侃在北京大學任教後，他的講課十分傳神，吸引了大批其他系的學生。黃侃善於吟誦詩章，抑揚頓挫，給人一種身臨其境的美感，所以，學生們情不自禁地唱和，成了北大校園一種流行的調子，被師生們戲稱為「黃調」。在教課時，他常常會在講到關鍵的時候幽默的賣一個關子：這裡有個祕密，僅僅靠學校給我這幾百塊的薪水，這個問題我還不能講，除非你們另請我吃飯。有一次在課堂上，黃侃作比喻說：好像房子要塌了。言畢，拿起書包，向外奔跑，同學們被高瞻遠矚的黃侃弄得膽顫心驚，遂跟著向外跑。大家擁擠在門口，一時難以跑出去，就有人從視窗奪路而出。臨近教室裡的老師和學生都聽得黃侃所在教室的門窗異常響動，人聲鼎沸，均不明就裡，下課後看見該教室窗戶玻璃破碎，教室內空無無人，地上一片狼藉⋯⋯

張狂，孤傲，瘋子，名士，好遊歷，好讀書，好罵人，桀驁不馴，不拘小節，性情乖張，特立獨行⋯⋯這些文字都是與黃侃同一時代的人送給他的雅號，由此可見黃侃的為人處世堪稱一絕。就一個怪才，但他卻是滿腹學問，你又能奈他若何？由此可見，無論從事什麼工作，我們

哲學：世事洞明皆學問—工作中的另類哲學

都應該精通它。如果我們是某個方面的行家裡手，精通自己的全部業務，能夠解決別人無法解決的問題，我們就會被身邊的人欽佩，受到上司的另眼相看，也就擁有了成功和自傲的超級武器。也就是說，我們不必在所有事情上勝過所有同事，只需在某項業務上勝過所有同事，就極有可能成為這個團隊不可或缺的人才。

黃侃平時只管講課，一向不出作業給學生。臨到期末考試，他又不肯看考試卷子，也不打分數。此做法在教務處那裡可過不了關，一再催促他。最後，黃侃被逼急了，就寫了一張字條給教務處，上書「每人八十分」五個大字。他的意思是學生總想得甲等，給九十分嫌多，七十分又非甲等，八十分正合適。教務處也無可奈何，就不再提起這件事了。然而在現實中，並不是每一種做事風格和做人準則都為團隊所喜，我們應該根據團隊的要求確立自己的風格。如果我們苦心建立起來的風格與原則與團隊文化格格不入，自然會處處碰壁，影響自己在團隊裡的發展，因此，為人處事還是需要符合大環境要求的。

黃侃的真誠在北大也是出了名的，這緣於他活潑的思維和博學。我們都知道真誠並不意味著非要指責同事的缺點，但意味著一定不會恭維同事的缺點。那時北大開設了戲劇方面的專業，算是新思維的具體表現，要知道在那以前許多人都把戲曲小說看作是歪門邪道有傷風化的。黃侃尤其喜歡京戲，對京戲中的一些象徵性的表現手法很感興趣，覺得那些騎馬的揚根馬鞭子，過河的擺弄個木槳，很能傳神。當時胡適剛從美國留學回來，一身的洋習氣，喜歡藝術的現實主義，很瞧不起中國傳統舞臺的表現方式，就說：「騎馬划槳都應該用真的道具，揚根馬鞭就代表騎馬太假了。」黃侃就反問胡適：「那武松打虎應該怎麼演呢？」一句

話把胡適噎得沒有話說。

　　黃侃屬於守舊派，向來看不慣胡適等一批新派人物的做法，一有機會便冷嘲熱諷。黃侃在北大時，照例一段時間參加一次教授會。會上提倡學術自由，包容並蓄，進行學問切磋，消除門戶之見，這是當時蔡元培校長的辦校理念。胡適以哲學專家在會上大談墨子的「兼愛、非攻」。黃侃聽著聽著就不耐煩了，忽地站了起來插話：「今日言墨子者都是混帳王八！」全場愕然，胡適通紅著臉，忍著繼續往下說非攻，黃又跟進一句：「即使是胡適的尊翁也是混帳王八！」這回胡適再也不幹了，正要發作。不料黃侃笑著說：「你這麼不讓人家冒犯你的父親，還在這裡談什麼墨家？墨家主張的兼愛是無父的。你現在有父親，還談什麼墨家？我這不是罵你，只是考驗考驗你。」頓時全場譁然。胡適找不出反駁的理由，也無話可說。

　　黃侃主張文言，胡適則大力倡導白話語體，兩人互有攻擊。一次黃侃向學生講文言的好處，說文言很簡潔。興起之際，又談起胡適和白話文。他說：「白話文與文言文哪個更勝一籌？不需費太多筆墨。比如胡適的老婆死了，家人發電報通知胡適本人，若用文言文，『妻喪速歸』即可；若用白話文，就要寫『你的老婆死了，趕快回來呀』11個字，其電報費要比用文言文貴兩倍。」全場捧腹大笑。還有一次，黃侃當面責難胡適：「你口口聲聲要推廣白話文，未必出於真心？」胡適不解其意，究其故。黃侃說：「如果你身體力行的話，名字就不該叫胡適，應稱『往哪裡去』才對。」弄得胡適十分尷尬。

　　黃侃即使面對當時的校長蔡元培，他也逆龍鱗，讓眾人無不對其敬佩有加。黃侃把一些喜歡去校長處討好的教授們叫做曲學阿世，後來這

話在北大產生了很大的影響。黃侃此話一出,去拍校長馬屁的人的確少了,真正做學問的人多了起來。偶有去的,就被人指戳著說又去阿世了,校長蔡元培也因此有了個代號叫「做世」。山自重,不失其威峻;海自重,不失其雄渾;人自重,不失其尊嚴。人們在工作中最常見的勇氣就是做到誠實和正直,能夠抵制誘惑,勇於講真話,表現自己真實的一面,而不要虛偽造作。

黃侃在北大任教時,正是新舊文化激烈交鋒的時期,他和陳獨秀曾為此無數次唱起對臺戲。西元1917年,陳獨秀受邀也來北大當文科學長,陳獨秀以北大為陣地,主辦《新青年》,宣揚白話文和新文學,倡導新文化運動。黃侃也不甘示弱,主辦《國故》月刊,倡導國故,企圖與《新青年》相抗衡。陳黃二人各自成為新舊兩派的首領,展開了**轟轟烈烈**的論爭。

黃侃不僅學術思想守舊,而且待人接物也是一派遣老作風。有一次他過生日,北大幾位中國文學系的學生特地到他家向他拜壽。幾位學生進門後,見老師在客廳裡正襟危坐,就趕緊上前行三鞠躬禮。不料,黃侃勃然大怒,說:「我是太炎先生的學生,我給太炎先生拜壽時都是磕頭,你們鞠躬?」嚇得幾位學生只好趴下磕頭,磕頭拜師在黃侃看來天經地義。就黃侃的性格而言,是斷然不能人前下跪的,但黃侃認為做人和做學問是兩件事,為了學問,黃侃還是能折節的,學問是拜來的,這沒什麼難為情的。

黃侃生前,章太炎曾多次勸他著書立說,說是不能寫書而非要硬去寫書是「不智」,而能夠寫書卻不去寫書是「不仁」。話雖千鈞,但黃侃終不為所動。黃侃淡然說出五十之前不著書的話,並說:「唯以觀天下書未

遍，不得妄下雌黃。」不著則已，著書當存百世，黃侃這一志向的養成，在於不受著書賺錢、賺名氣這些壞習慣的誘惑。在他看來，著書如同做人，寫不出好書不是什麼大不了的事，不做好人就是天大的事了。

黃侃五十歲生日時，章太炎送了他一副對聯，「韋編三絕方知命，黃素初裁可著書」。但章太炎一時疏忽，此賀聯內無意中竟藏了「黃絕命書」四字，黃侃看聯後一時呆住，大為恐懼。黃侃向來迷信，接到這副賀壽聯後，惴惴不安。果真在當年 10 月 8 日，黃侃因飲酒過量，導致胃潰瘍失血過多而英年早逝。有人責怪章太炎，章太炎亦悔痛自責不已，連呼：「這是老天喪我也！這是老天喪我也！」極其悲痛和惋惜。

黃侃大師認為工作成果要使之完美後再供人欣賞，而不是隨意為之。萬事開端都不成形狀，此時隨便示人，給人留下的永遠是殘缺的形象。即使在工作完成後，如果想起它曾是亂糟糟一個過程，也會使主管大倒胃口。即使參觀一道最可口的菜的烹調過程也會使很多人大倒胃口的。優秀的人大都很注意，不讓他們正在進行的工作過程被人看到。我們真應該向黃侃大師學習，如果我們的工作成果尚不完美，就不要輕易拿給別人看。從黃侃大師的身上，克制、謙虛、執著，不也正是我們職場中需要的品格嗎？一個人的道德常常能填補能力的缺陷，而能力永遠也填補不了道德的缺陷。對自身的尊重、榮譽感、自豪感、自尊心──這是一塊磨練責任心的礪石。

哲學：世事洞明皆學問—工作中的另類哲學

● 錢玄同的小木戳

魯迅早在五四運動中就已經指出,「中國人的不敢正視各方面,用瞞和騙,造出奇妙的逃路來,而自以為正路。在這路上,就證明著國民性的怯弱,懶惰,而又巧滑。一天一天的滿足著,即一天一天的墮落著,但卻又覺得日見其光榮」(〈論睜了眼看〉)。錢玄同為自己改名為「疑古玄同」,勇於直視歷史,向傳統和權威提出挑戰,做事絕不人云亦云,隨波逐流,而是順應時代的發展趨勢,順應人的本性。

歷史學家錢穆在課堂上批評疑古學派,說:「事有可疑,不專在古,上古也有很多不可疑之處。比如有人姓錢,此錢姓便屬古,沒有可疑。近來有人卻不姓錢,改姓『疑古』,這是什麼道理!」這顯然是諷刺錢玄同「疑古玄同」的別號。在北大的課堂上,學術互相批判很正常,但是有人提醒錢穆道:「錢玄同的兒子正在聽你的課!他回家肯定會告訴他爸爸的。」錢穆嘴一撇,不以為然。不久,錢穆和錢玄同在一個宴會上碰面,錢玄同誠懇地說:「我兒子很相信你的話,他不聽我的!」錢穆大笑,與錢玄同把酒暢談,絲毫不覺得虛假。

錢玄同(西元1887～1939年)這個人心胸十分開闊,為人十分謙讓有禮。1930年代初,錢玄同已經是名滿天下的教授了,他的老師章太炎來北京講學時,他鞍前馬後地伺候著,還親自為老師翻譯,因為章太炎的浙江話,很多北方同學聽不懂。他的這種舉動,一時傳為尊師的美談。許壽裳在《章炳麟》中回憶說:每星期日上午去章太炎寓所,同班聽講者是朱宗萊、龔寶銓、錢玄同、朱希祖、周樹人、周作人、錢家治

與我共八人。其他同門甚眾，如黃侃、汪東、馬幼漁、沈兼士等，不備舉。」這些名字隨便拿出一個在民國時期都是響噹噹的。在章太炎寓所聽課的八人中，大多數在其生命歷程中都與語言文字學結下了不解之緣。「大家席地而坐，而錢玄同卻喜歡在席上爬來爬去，因而得了個綽號叫『爬來爬去』。」直到五四時期，錢玄同的朋友圈裡熟諳此「掌故」的還戲稱他為「爬翁」，可這位爬翁卻是中國現代語言文字學的大家。

錢玄同早年留學日本，民國以後一直在北大、北師大等大學任教，直至去世。他對社會的貢獻卻不簡單。作為新文化運動的發起人之一，他和陳獨秀、胡適、劉半農一起，並稱為《新青年》雜誌的「四大臺柱」；作為國語專家，他是白話文、漢語拼音、漢字拉丁字母化、簡體漢字、漢字橫排以及從左至右書寫和閱讀方式的發明者、開拓者或推動者,；作為編輯，他直接慫恿魯迅（周樹人）為《新青年》雜誌寫了第一篇白話小說——《狂人日記》，從此魯迅正式走上中國歷史舞臺⋯⋯

西元 1917 年初，錢玄同就開始向《新青年》雜誌投稿，積極支持文學革命，參加國語研究會。錢玄同的影響很大，他在《新青年》上發表的通訊、文章的作用非他人可比，他明確提出保守派「桐城謬種」、「選學妖孽」為文學革命對象，深得陳獨秀、胡適等賞識。不久，他就成為《新青年》的輪流編輯之一。敢為天下先，這的確是錢玄同的一貫作風。

錢玄同在向《新青年》撰稿的同時，也在為該雜誌尋求合適、優秀的撰稿人。他自然不會忘記在昔日的同窗好友周樹人、周作人兩兄弟。錢玄同經常跑到宣武門外南半截衚衕紹興會館的補樹書屋，遊說周家兄弟為《新青年》撰稿。周作人做事爽快，人也本分，很快就有稿子送來，而周樹人卻遲遲沒有動手。錢玄同不知道周樹人葫蘆裡賣的什麼藥，為能約到周

哲學：世事洞明皆學問—工作中的另類哲學

樹人的稿子，他不厭其煩天天拜訪。周樹人卻和他東扯西扯，常常從下午四五點鐘開聊，一直要聊到深夜。錢玄同還是沒把準周樹人的脈，心中很著急。

一次，錢玄同興沖沖來到周樹人的住處。看見周的書桌上一疊疊抄寫好的古碑文，就好奇的問：「你抄了這些有什麼用？」周答：「沒有什麼用處。」錢不禁有氣，追問：「那麼，你抄他是什麼意思呢？」、「沒有什麼意思。」從這幾句對話不難看出，當時周樹人處於不得志，心中苦悶的境地。錢玄同再一次建議說：「我想，你可以做點文章。」周樹人說：「假如一間鐵屋子，是絕無窗戶而萬難破毀的，裡面有許多熟睡的人們，不久都要悶死了，然而是從昏睡人死，並不感到就死的悲哀。現在你大嚷起來，驚起了較為清醒的幾個人，使這不幸的少數者來受無可挽救的臨終的苦楚，你倒以為對得起他們麼？」錢玄同立刻爭辯說：「然而幾個人既然起來，你不能說決沒有毀壞這鐵屋的希望。」

錢玄同的這句話切中要害，實實在在打動了周樹人的顧慮，使周走出獨自問學的狀態。不久，周動筆寫了抨擊吃人的舊禮教的白話文小說《狂人日記》，發表在《新青年》1918年4月號上，署名「魯迅」。從此，周樹人一發而不可收，小說、雜文等作品不斷，在同舊世界的鬥爭中，衝鋒陷陣，攻城拔寨，成為文化革命的主將。錢玄同就是「魯迅」的催生者，其意義遠超過了文學革命。

西元1918年，為擴大《新青年》的影響，引起社會更廣泛的關注，尤其是吸引更多的年輕人，錢玄同和劉半農經過一番策劃，決定以一反一正兩種截然不同的觀點寫文章，引起爭論，批駁那些腐朽落後的反對新文化運動的頑固派。同年3月，錢玄同化名王敬軒在《新青年》上發表

題為〈文學革命之反響〉一文，洋洋灑灑數千言，羅織新文化運動種種罪狀，攻擊主張新文化的人是數典忘祖。劉半農撰寫了萬餘言的〈覆王敬軒書〉，針對王敬軒所提出的所有觀點一一加以駁斥，把自投羅網的「王敬軒」批駁得體無完膚。這實際上是錢劉二人合演的一場「對攻」戲，故意製造一場論戰，以便把問題引向深入，喚起社會的注意。果然，錢劉的「對攻」戲上演後不久，真正的新文化運動反對派就大張旗鼓地粉墨登場。他們因「自己人」被批駁而坐立不安，要為王敬軒鳴不平了，新文化運動很快進入到高潮，雙方在文化陣地上廝打的難解難分，魯迅後來稱這場論戰是一場「大仗」。看來，為了實現既定目標，引蛇出洞確實是個好計劃，我們工作中不妨借鑑一下。

錢玄同在工作中十分嚴謹，他曾先後在北京大學、北京師範大學、燕京大學等處任教，但是他從不批改學生們的考卷。各校對這位大學者的這一「高調」，雖說無可奈何，但也各有對策。北京大學特地為他刻了一枚木戳，上書「及格」二字。錢玄同收到考卷後，即直接送到教務室，由教務室統一蓋上及格的圖章，而後按照各人的名字分別記入學分檔案。錢的解釋是，分數不能證明一切。

北大的寬容態度，使錢玄同對自己的做法愈發地肯定，竟向外四處推廣，他到燕京大學兼課時，仍舊照此辦理。不料此番他碰了個釘子：學校方面竟將他送上的未判考卷原樣退回。錢玄同名士的脾氣上來了，毫不退讓，又將考卷原封不動地上交。校方很生氣，警告錢如再次拒絕判卷，將按照校紀對他進行懲罰，扣相當金額的薪水。錢對此立即作書一封：「判卷恕不能從命，現將薪水全數奉還。」信內附鈔票若干。學校權力再大，也改變不了教授的硬朗骨氣，難得！這場判卷的結局究竟如

何，我們已不得而知，但錢玄同不判卷的名氣，卻從此在國內大學中四處傳開。如今，分數已經成為許多老師控制學生的利器，誰不聽話，就給 59 分，讓你有苦說不出，敢怒不敢言。

錢玄同雖說在判卷方面不屑一顧，但說到治學求知，則是虛懷若谷，常常不恥下問，充分體現了一位著名學者嚴謹的治學風範。錢玄同在北大講授的是音韻學，他口齒伶俐，思維敏捷，講課時如滔滔江水，而且風趣詼諧，深受學生們的歡迎。在一堂講授廣東音韻的課後，他收到了一位廣東籍學生的信，對他的講授提出了不同意見。錢玄同認真地閱讀了來信，認為李講的有道理。再上課時，他當眾宣讀了李的來信，坦率地承認，自己不是廣東人，對廣東音韻確實是不甚了解，以前講的確實有誤，特此糾正。作為聞名中外的語言大師，竟能當眾露短，虛心向學生求教。他這種嚴肅認真的治學態度，深深地贏得了廣大師生們的尊敬。不是所有的名人都這麼大度，我們在向他人提出反對意見時，還是應該先看看這個人的氣量如何，再做計較吧！

錢玄同的舊學十分了得，但是他提倡廢除古文，甚至要廢除漢字，正常來說，這有點背叛師門的架勢。章太炎弟子眾多，老實說脾氣都不小，放一起便磕磕碰碰，這就導致以大弟子黃侃為首的守舊派和幾位鬧文學革命的師弟鬥氣。有一天，在章太炎住處，黃侃開玩笑地對錢玄同說：「二瘋，你來前，我告你！你可憐啊！先生也來了，你近來怎麼不把音韻學的書好好地讀，要弄什麼注音字母，什麼白話文。」這樣的話師父可以說得，同門師兄說不得啊。錢玄同頓時翻臉，拍著桌子厲聲說：「我就是要弄注音字母，要弄白話文，混帳！」都是愛徒，章太炎也不好偏袒哪一邊，他排解說不許再爭什麼注音白話文，都給我念日語字母。

章的意思十分明顯，想想當年在日本一起學習的同門之誼，有什麼好吵的。

　　錢玄同與大師兄鬧的不甚愉快，是因為學術上的觀點不同所致，並沒有影響到同門友誼。但是，錢玄同和魯迅的友誼卻漸漸走向了末路。他把魯迅從古書堆裡拉了出來，促使他成為新文化的一名旗手。但遺憾的是，魯迅與錢玄同這對「五四」戰友，後來卻因諸多小事漸行漸遠。西元1929年5月，魯迅回北平省親時偶遇錢玄同。這兩位章門弟子一時感慨，正敘舊時，卻因為一張名片上的姓名問題發生爭執，不歡而散。錢玄同看見魯迅的名片還是「周樹人」三字，就笑說，「原來你還是用三個字的名片，不用兩個字的。」意謂其怎麼不用名氣遍天下的「魯迅」名字呢？魯迅也是非常自負的人，他認為周樹人這三個字在中國也是如雷貫耳，因此很不悅的說，「我的名片總是三個字的，沒有兩個字的，也沒有四個字的。」他所謂四個字的，大概是指「疑古玄同」吧！當時錢因信奉疑古學派而常署此名。魯迅給他吃了一個「悶虧」，一句話把錢玄同頂了回去，錢玄同認為魯迅名氣大了，脾氣也大了，就「自然迴避了」。所以啊，我們平時說話的時候，不要出口傷人，尤其是別冷嘲熱諷，借題發揮，避免在人際交往中處於不利局面。

　　此後，錢玄同把精力都放在教學和學術研究上，取得了纍纍碩果。他不餘遺力地講解自己的學術成果，推廣漢語言。「七七」事變後，北平淪陷，50多歲的錢玄同身體狀況不佳，他患有嚴重的高血壓，北大南遷後，他不得不留在北平終日閉門謝客。他拒絕給日偽做事，寧可殺頭也不當漢奸。同時改錢玄同之名為錢夏，「夏」則乃炎黃之夏，是為正統，絕非「夷人」，表明他永不做日偽政權的「順民」。

哲學：世事洞明皆學問—工作中的另類哲學

　　西元 1939 年 1 月，錢玄同目睹李大釗子女生活困窘，為了幫助解決困難，他拖著病體，四處聯絡變賣李大釗的藏書。1 月 17 日傍晚，錢玄同從外面回來，即感身體發力、頭劇痛，立刻送往醫院，確診為突發腦溢血，搶救無效不幸去世，享年僅 52 歲。錢玄同在國難未平中故去，終年 53 歲，其高尚的民族氣節，成為他人生最後的華彩樂章。

　　錢玄同勇於向傳統和權威挑戰，並引領了新文化運動浪潮，他的言行成為眾多弟子崇拜和學習的榜樣。同樣在職場內，有創意、敢創新也是一項市場競爭力，不少公司或者企業正拋棄傳統的按部就班的工作方式，走向創意工作的模式。那麼，我們如何培養職場的創新力呢？一般人對於新的事物都會產生不熟悉的恐懼感，因此而加以排斥。雖然人人都說歡迎變革，但目的都不是要改變自己，因為我們已經適應了目前職位的狀況，習慣了舒適圈的環境，這就比較難有創新力。而我們的創新力，源自對工作服務或產品的熟悉，愈了解細節，愈能找到創新的方向。所以，熱愛我們的工作，時刻關注工作職位的最新動態，培養我們的創新思維，是真正滿足瞬息可變的市場需求以及延續個人競爭力的必要條件。

馬幼漁的「女權至上」

中國的女權主義，也是伴隨著轟轟烈烈的新文化運動興起的。這也體現了幾千年來，封建體系的徹底瓦解。西元1920年，北大允許女生入學，這也是中國首次男女同校。女性爭取到與男性平等的受教育機會，也給予了女性自我精神與能量、社會言論及政治權利。馬幼漁認為男女平等是女權主義最基本的目標，在爭取與男性平等的同時，女性還要注重自我的價值表現，挖掘並發揮女性的社會力量，為社會各階層女性的思想與行為解放而努力。

馬幼漁（西元1878～1945年）任北大國文系主任時，他家的某個親戚報考北大，想走個捷徑。他知道馬幼漁是個遵守職業操守的教授，不會為他提供便利，就故意用語言誘導。這個親戚在馬先生面前很隨意地說：「不知道今年的國文會出什麼題目。」平日裡日顯得頭腦有些不太清醒的馬幼漁卻立刻醒悟過來，大怒，罵道：「你是混蛋！想叫我告訴你考題嗎？」保密是紀律，也是一種守道。馬幼漁並非神經過敏，不通情理，只因他對洩密、舞弊等不良行為嫉惡如仇，哪怕是親屬也不例外。

還有一次，他的一個學生請馬幼漁寫些字，留作紀念。馬幼漁沉吟了一會，不好意思地說：「真對不起，現在國土淪陷，我忍辱偷生，絕不能寫什麼。將來國土光復，我一定報答你，叫我寫什麼我寫什麼，叫我寫多少我寫多少。」馬先生可謂言行一致，國土淪喪時，他的生活也很艱難，有人前來買字，他都一口回絕。誓言對於馬幼漁來說，是絕不絕不可婉轉更改的，也是不可商量的。

哲學：世事洞明皆學問—工作中的另類哲學

這些名垂千古的大師，在我們眼裡和心裡，就是這種學問很大，但總會在某個地方不轉彎的人物。也正是因為他們不靈活，才會在學術和為人方面讓我們敬仰。相比之下，現在的教授大都很靈活，處理事情滴水不露，手法高明的不計其數。正是因為這點，馬幼漁被人諷刺說他跟章太炎僅學得其固執、糊塗，一點不通人情世故。

馬幼漁是北大著名的「五馬」之首，他上課幾乎沒有統一的課本，也沒有講課深淺之規定，也沒有課時進度之約束，一切都由他根據情況而定。在這樣的課堂上，大師的智慧得到了充分的施展，學風得到了充分的表現，個性得到了充分的張揚。在北大，馬幼漁的脾氣和他的授課是一樣有名的。他很容易被激怒，在校務會議上遇見不合理的議論，尤其是一些「岳不群」式的小花招，他便要大聲點破，一點不留面子，與平常的態度截然不同。從這一點看來，他的寬厚並不是無原則的遷就。他律己極嚴，對人的遷就也僅限於禮讓，超過限度，便要晴轉多雲，甚至下雷陣雨的。在一般人的心目中，馬幼漁是好好先生，性格平和，對人很謙恭，雖是熟識朋友，也總是稱某某先生。他與舊友談天雖喜詼諧，但自己不善言談，只是旁聽微笑而已。不過千萬不要認為馬幼漁和藹便不會發脾氣，那就錯了。

西元1908年前後，馬幼漁與同在日本留學的浙江同鄉錢玄同、魯迅、周作人、沈兼士、許壽裳、陳子英、陶望潮等人，一起跟隨章太炎學習國學。他是至始至終地與魯迅保持終生友誼的一個人，同時也是難能可貴地與英美派精神領袖胡適保持比較友好的公私關係的一個人。周作人在《知堂回想錄》中談到馬幼漁時，形容他「性甚和易，對人很是謙恭，……又容易激怒，……但是他碰見了女學生，那就要大倒其楣，他

馬幼漁的「女權至上」

平時的那種客氣和不客氣的態度都沒有用處。」

馬幼漁是章門弟子中進北大最早的一個人，在北大國文系教文字學的音韻部分。他學問高深，但是講課水準不佳，平易近人，沒有教授的架子。在這一點上，他就不如他的老師章太炎先生了。章太炎的學問那是大到沒有邊際了，想聽他上課的人太多，無法滿足要求，於是乾脆上大課。他每次來上課，都五六個「書僮」相伴，比如馬幼漁、錢玄同、劉半農、黃侃等。這些書僮哪個不是威名遠播，還都是在學術領域確立了各自地位的大師級人物。章太炎國語不好，就由錢玄同任翻譯，劉半農寫板書。馬幼漁是個憨厚人，最累、最不體面的工作就是他的，他忙前忙後地端茶遞水。這一陣容可謂盛況空前。太炎先生也不客氣，開口就說：「你們來聽我上課是你們的幸運，當然也是我的幸運。」幸虧有後一句兜著，要光聽前一句，那可真是獨孤求敗了，不過，太炎先生的學問也真不是吹的，滿腹經綸，學富五車，他有資格說這個話。章門下的弟子大多有老師的傲氣，馬幼漁也是得了章太炎真傳的，也是一肚子的學問，不過他卻是很謙虛，把要說的話都注在筆端了。但也許就是因為這一點，每次換屆選舉，北大國文系教授還是把他這個講課手法平平、往往講得學生昏昏欲睡的「催眠者」推舉為他們的領頭羊，做了終身系主任。這或許更能說明馬幼漁是個君子，其他教授對他的人品都放心，不用擔心這個主任在後面害自己。

馬幼漁有一個與眾不同的原則，他是個堅定的「女權至上」擁護者和實施者。他會抓住一切機會和場合逢人誇耀他的妻子，被周作人譽為「譽妻癖」。本來在知識分子中間這是很尋常的事，居家相敬如賓，出外說到太太時，總是說自己不如她，或是太太的學問好，或是治家有方，

哲學：世事洞明皆學問—工作中的另類哲學

這也是夫妻和睦相處之道。有些人聽了也不大以為然，把馬幼漁的態度歸入胡適一流。胡適怕老婆那可是眾所周知的，其實兩個人不大一樣，並無什麼可笑之處，至多是馬幼漁的行為有點幽默罷了。

有一階段，馬幼漁曾在女師大兼課，上課的時候旁徵博引，不知怎的就提到了女權問題，關於他的『內人』就講了些讚美的話。到了下個星期上課時，還沒開講，就有兩個調皮的女學生提出請求道：「這一課還請老師向我們講講內人的事吧。」這使得馬幼漁頓感尷尬，自己主動講沒覺得害羞，被人要求著講就有點老王賣瓜的嫌疑了。他翻開講義夾來，頓了片刻，就把這事敷衍過去了。

馬幼漁的所謂「譽妻癖」，與他早年接受的女權思想有直接關係。男性和女性因為天生或社會文化影響已經形成了不同的價值體系，女性更注重創造和保持同他人的熱烈的、親密的和關懷的關係，而男性則對肯定他們個人、控制他們自己的和他人的命運更感興趣。馬幼漁在這種心思潮的薰陶下，對文化中的女權主義有更成熟的視野。馬幼漁這樣對他的女兒說：「中國婦女地位最低，妳出來要為爭取女權做些事情……妳出來可以當公使。過去當公使的都是男的，他們帶夫人出國。妳開個頭，由女的當公使，妳帶丈夫去赴任嘛。」說完了這些豪邁的肺腑直言，馬幼漁還有點「私心話」，他還樂呵呵地說：「……學習法律，將來就是離婚，也可以保護自己的權益。」

說到這，順便聊一聊關於馬幼漁的一個故事，據說當年北大學生中曾經流行著一句話：馬幼漁對北大有什麼貢獻？最大的貢獻就是為北大生了個漂亮的女兒。他的女兒馬珏 1930 年代曾在北大讀書，容貌秀美似不食人間煙火的仙女，被公推為校花。她的玉照曾經兩次刊登在《北洋

馬幼漁的「女權至上」

畫報》的封面上。如果馬鈺生在當今，能直接PK掉所有女影星、模特兒、空姐這些人，馬鈺要貌有貌，要才有才，人氣超群。於是馬幼漁老先生經常被一些「登徒子」學生在背後戲稱為「老丈人」。馬幼漁也不氣惱，照例四處宣講他的女權思想。愛美之心人皆有之，不僅同齡學生追花者甚多，護花者就更多了。魯迅就是其中之一，馬鈺曾撰寫第一次見到魯迅的回憶文章。魯迅初次見到馬鈺也覺著她十分可愛，經常向她贈書，兩人還有書信往來，這在魯迅日記和文章裡多次提到。不過，這只是長輩對晚輩的呵護之情，都屬正常交往。待到馬鈺結婚嫁人，魯迅覺得不再適合贈書，寫信，就停止了贈書行為。

馬幼漁和其他北大教授一樣，他們具有一些獨特的精神氣質。這是他們自我欣賞中的「自己」，他們學會了思索，他們掃除了腦子裡一切神聖的東西，用批判的眼光去重新看待世界。馬幼漁不僅有懷疑、批判父權至上的勇氣，同樣有支持、呵護女權主義的決心和行動！這是具有使命感的大師，他有一種強烈的意識，同時又表現出清醒、冷靜的理性精神。對生活的體會也比我們普通人深刻的多。

北平淪陷後，馬幼漁因年邁和患高血壓未能轉徙內地。北大指定馬幼漁留守，保管校產。日本人曾數次命馬幼漁的舊交周作人前來請馬出山任教。馬幼漁讓幼子將其拒之門外不見，他的幼子轉述馬幼漁之言：「我父親說了，他不認識你。」周作人羞愧萬分，從此不再遊說馬幼漁。從這件事上，馬幼漁的愛國氣節可見一斑。

馬幼漁滯留北平期間，雖然生活境況不如從前，幸有優秀的太太裡外操持，倒也沒受太大苦。每遇朋友弟子，第一句話總問「聽到什麼好消息嗎」。他的學生知道他的身體欠佳，就選一些鼓舞士氣、國軍在某個

哲學：世事洞明皆學問—工作中的另類哲學

地方打敗日本兵的事情說給他聽。馬幼漁聽得非常開心，對將日本人逐出中國充滿了希望。平日裡他還惦記著南遷的北大同仁，無限嚮往著大西南的數萬學子。可惜馬幼漁年歲已高，只能空望南國。在抗日戰爭進行到最後一年，他抱憾而去了，去世後不久，日本人就投降了。

馬幼漁對女權的重視程度即使在今天也是令人矚目的。在他那個時代，女性參加工作還不多見，如今女性已經成為職場不可或缺的中堅力量。相對於男性，女性的耐心、韌性在認識自我、控制情緒、激勵自己以及處理人際關係方面都有超越男性的優勢。女性能否有成功的事業，更多是取決於女性自己的意願和決心。

畫壇伯樂徐悲鴻

「世有伯樂,然後有千里馬;千里馬常有,而伯樂不常有。」韓愈這句名言明確告誡我們:伯樂是稀有資源,可遇而不可求。話又說回來,打鐵還需自身硬,沒有金剛鑽,即使伯樂出現,也無法一拍即合。伯樂本身就是一匹千里馬,故能識才愛才惜才。放眼當下,真伯樂仍然稀有,假伯樂、偽伯樂依然屢見不鮮。君不見,才藝班裡,有多少「伯樂」面對眾多家長侃侃而談,信誓旦旦,「這孩子是天才!只要有個好老師,一定會大有所為!」這樣的「伯樂」,與徐悲鴻相比,相差何止是十萬八千里?

西元 1929 年 9 月,徐悲鴻(西元 1895～1953 年)再次驅車來到齊白石住所,力邀白石老人到北大執教。齊白石終於為其誠心而感動:「我一個劈木斫材的木匠,畫了幾幅不中看的畫,卻蒙三顧,我怎敢到北大這個高等學府去當教授,這不是班門弄斧嗎?」

「您的畫開風氣之先,不僅自成一派大師,您即使教我徐悲鴻本人也不為過!」徐悲鴻謙虛地說,「齊先生,我正要藉助您的這把利斧,來砍砍北平畫壇上的朽木昏枝!」北大的新文化運動轟轟烈烈,引領了全國革新的浪潮,但是當時的北平畫壇,卻依舊死氣沉沉,毫無創新。畫家都以摹仿古人為能事,保守勢力相當頑固。然而木匠出生的齊白石大膽創新,變革畫法,獨領風騷。可惜,卻得不到多少名家的響應,北平畫壇對白石老人的出身也是一片冷嘲熱諷。徐悲鴻偏偏不信這個邪,他就是要讓北大成為破解寒冰的陣地,而白石老人則是他最有力的同盟軍。

哲學：世事洞明皆學問—工作中的另類哲學

　　徐悲鴻以畫馬馳名當世，齊白石以畫蝦名揚海內。他們一生都是摯友，都擅長寫意畫，畫作各具神采。徐悲鴻不僅愛畫馬，而且識「千里馬」。徐悲鴻任北平藝術學院院長時，齊白石已經是67歲，他的作品既有濃厚的民族特色，又不落窠臼，富有生氣與情趣。他畫的蝦、螃蟹、青蛙、蜻蜓等，妙趣橫生、活靈活現，不但給予人美的享受，而且令人遐想無際，回味無窮。但齊白石既無文憑，又沒有飄洋過海鍍過金，因此，不受世人看重。徐悲鴻英雄惜英雄，他認為在當時國畫界，齊白石的畫乃是一股清泉，是畫壇新生的活水。徐悲鴻不顧學院內各種勢力阻攔，三請齊白石。

　　最後，齊白石終於被感化，非常高興地擔任了北平藝術學院的教授。第二天早晨，徐悲鴻親自坐馬車來迎接白石老人；上完課，又用馬車親自把他送回家。到家門口時，徐悲鴻攙扶著白石老人下了車。齊白石被徐悲鴻的行為深深感動，自嘆晚年得一知己。自從齊白石有了大學教授頭銜後，他的畫也立刻身價倍增，全國都知道有個齊白石了。齊白石沒有辜負徐悲鴻對他的信任與期望，任教期間，不但收到了良好的教學效果，而且還受到了師生們的敬仰。然而在那時，徐悲鴻聘請齊白石任教授一事，不但引起了社會上一些人的流言蜚語，還引起了頑固分子的非難，但徐悲鴻一點也不以為然。

　　幼年時的徐悲鴻為生計吃盡了苦頭，他曾跟著父親多次到鄰近的縣鎮寫字賣畫為生，以維持全家生計。然而流浪江湖的賣畫生涯讓他的父親身染重病，兩個人跟跟蹌蹌回到家鄉不久，父親就去世了。家裡窮的連安葬費都沒有，徐悲鴻含淚向親戚告貸，在鄉親的幫助下才料理了喪事。年輕的徐悲鴻成了家裡的棟梁，為了養家，19歲的徐悲鴻決定到上

海十里洋場去尋找出路。在他的好心同鄉徐子明的熱情幫助下，他的繪畫作品得到了復旦大學校長的首肯，並答應為徐悲鴻安排一個工作，但當校長見到一臉稚嫩、面有菜色的徐悲鴻時，就悄悄對徐子明說：「此人完全還是個孩子，豈能工作？」不久徐子明赴北京大學任教，徐悲鴻工作的事也沒了指望。天氣一天天地冷了起來，他僅有的一點盤纏也用光了，最後因身無分文而被旅館老闆趕出大門。在極度失望中，他回到了家鄉。找工作難，看到徐悲鴻的遭遇，不禁想到當今的大學生就業問題，一個人若不能在經濟上得到尊嚴，很難在社會上立足，即使再有動力和自信心也會被磨滅殆盡。

西元1915年夏末，20歲的徐悲鴻懷揣徐子明的介紹信再次前往上海商務印書館求份工作。不曾想又被拒絕，他深受打擊，就在他幾乎要跳進浪花翻滾的黃浦江時，幸蒙商務印書館的一位好心職員尾隨相救才沒遇難。在好心人的幫助人，徐悲鴻在上海艱難地立足了，一邊工作，一邊求學。

西元1917年，徐悲鴻以優異的學習成績爭取到留學日本的機會，在日本他學習了美術，吸收和借鑑了東洋畫法。回國後受蔡元培的大力邀請，擔任了北京大學畫法研究會導師，並兼職於孔德學院。成功還需靠自己，徐悲鴻的努力終於得到了回報，蔡元培堪稱徐悲鴻人生中最重要的一個伯樂！許多時候，我們普通人不見得做不成大事業，關鍵是誰肯給你證明自己的機會？當然我們也要做好被別人重用的準備。蔡元培就任北京大學校長之後，曾在校內大力實施美育。一方面，蔡元培本人也親自在北大開設美學課，並著手編寫《美學通論》，另一方面，他在北大組建「畫法研究會」、「書法研究會」。徐悲鴻在北大任教期間，北大的

哲學：世事洞明皆學問—工作中的另類哲學

畫風開始形成，並顯示出獨到的藝術成就。徐悲鴻在北京相繼結識了蔡元培、陳師曾、梅蘭芳及魯迅等各界名人，他深受新文化運動思潮的影響，逐漸建立了民主與科學的思想。

西元 1919 年，在北洋政府的資助下，24 歲的徐悲鴻到法國學習歐洲繪畫手法。抵歐之初，他參觀了英國的大英博物館、國家畫廊、皇家學院的展覽會以及法國的羅浮宮美術館，目睹了大量文藝復興時期以來的優秀作品。徐悲鴻深深感到自己過去所作的中國畫是「體物不精而手放佚，動不中繩，如無韁之馬難以控制。」於是，他刻苦鑽研畫學，並考入巴黎美術學校，受教於弗拉芒克（Maurice de Vlaminck）先生，開始接受正規的西方繪畫教育。弗拉芒克擅長歷史題材的人物畫，其畫作不尚細節的刻劃而注重色彩的和諧搭配與互襯，對徐悲鴻日後油畫風格的形成有著巨大的影響。

徐悲鴻剛到法國留學的時候，有一位異國同學瞧不起中國，徐悲鴻義正言辭的對那個學生說：「既然你瞧不起我的國家，那麼好，從現在開始，我代表我的國家，你代表你的國家，我們等到畢業的時候比比看。」愛國之心激勵著徐悲鴻發憤圖強，努力鑽研。他每日樂此不疲地進行西洋畫的基本功訓練，上午在巴黎美術學校學習，下午去敘里昂研究所畫模特兒，有時還抽空去觀摩各種展覽會。在繼承古典藝術嚴謹完美的造型特點的同時，掌握了嫻熟的繪畫技巧。留學 4 年之後，徐悲鴻的繪畫水準已達到可與歐洲同時期的藝術家相媲美的地步，其油畫作品〈老婦〉入選法國國家美術展覽會。徐悲鴻落筆驚人，一畫既成，滿座皆驚，巴黎藝術界到處都在盛說這個來自東方文明古國的小夥子。當初那位看不起中國的同學早已將徐悲鴻奉為導師。

由於國內連年戰亂，北洋政府曾一度中斷學費，徐悲鴻被迫轉至消費水準較低的德國柏林。關於北洋政府的評論，至今褒貶不一，但是北洋政府也做了許多好事，我們今天懷念的北大名家基本都在這一時期功成名就，可見當時對學術的尊崇還是十分倡導的。來到德國，徐悲鴻仍然不放過每一個學習的機會。他求教於畫家康普，到博物館臨摹著名畫家林布蘭（Rembrandt van Rijn）的畫作，並且常去動物園畫獅子、老虎、馬等各種動物，以提高自己的寫生能力。當徐悲鴻重新獲得北洋政府提供的留學經費後，便立即從德國返回法國繼續學習。他抓緊每一寸時光，在名師們正規而系統的訓練和他本人孜孜不倦的努力鑽研下，他成功地站在了世界繪畫大師的巔峰行列，創作出一系列以肖像、人體、風景為主題的優秀的素描、油畫作品，如〈撫貓人像〉、〈持棍老人〉、〈自畫像〉等。

徐悲鴻在旅歐的最後階段還先後走訪了比利時首都布魯塞爾，義大利的米蘭、佛羅倫斯、羅馬及瑞士等地。美麗的異國風光令他陶醉，歐洲繪畫大師們的佳作令他受益匪淺。長達8年的旅歐生涯，塑就了他此後一生的審美意趣、創作理念和藝術風格。

西元1927年，學有所成的徐悲鴻回國了，先後任上海南國藝術學院美術系主任、中央大學藝術系教授、北京大學藝術學院院長。他開始投身於中國的美術教育工作，發展自己的藝術事業。他參與了田漢、歐陽予倩主持的「南國社」，積極倡導「求美、求善之前先得求真」的「南國精神」。2年後，徐悲鴻再次被聘請為北大教授，擔任授課和指導學生的藝術活動。徐悲鴻又以禮請來齊白石，在徐悲鴻等革新派家的努力下，北京大學很快成了一所藝術氣氛十分濃厚的大學，並且很快成為全國的

哲學：世事洞明皆學問─工作中的另類哲學

美育和藝術教育的中心。他陸續創作出取材於歷史或古代寓言的大幅繪畫，這些畫作借古喻今，觀者從中能夠強烈地感受到畫家對鄉土的真摯之情。西元1931年日軍侵華加劇，民族危亡之際，徐悲鴻創作了希望國家重視和招納人才的國畫〈九方皋〉。為那些空有一腔熱血，卻報國無門的能人志士搖旗吶喊。

徐悲鴻憑藉著他的天才智慧、堅毅的精神和畢生的努力，成為近現代中國畫壇上少有的能夠全面掌握東西方繪畫技法的藝術大師。儘管徐悲鴻已經是享譽世界的名家，但是他十分謙虛，從來不擺架子。徐悲鴻、齊白石、張大千並稱民國時期的三大畫師，他和張大千之間也有一段令人捧腹的交往經歷。

西元1936年1月，時任南京中央大學藝術系主任的徐悲鴻和中央大學校長的羅家倫，前往網師園力請張大千到中央大學教國畫。張大千閒散慣了，一再拒絕出山。最後實在推辭不掉，便提出三個難為徐悲鴻的條件：一是要坐著講課，不能站著，站著那種演講式的講法他不習慣；二是要為他準備一間畫室，裡面擺張大畫桌，還得有一張睡椅，畫累了他可以躺下睡覺；三是讓同學們到這個畫室裡上課，邊畫邊講。徐悲鴻聽後不由哈哈大笑起來，說：「真是奇人怪要求啊！好吧，只要你同意授課，這些條件都答應你。」張大千知道再也推託不掉了，只好去上課了，沒想到這別出心裁的講課方式卻贏得了學生們的熱烈歡迎。

張大千做不成隱於市的「大隱」了，但是對徐悲鴻也是傾佩有加。他認為徐的技藝已經達到開山立派的程度，完全可以成為一代宗師。徐悲鴻的作品，無論是油畫、國畫還是素描，在中國近現代藝術史上都占有重要地位。他在油畫方面最大的成就是使印象主義的光與色的表現與古

典主義嚴格而完美的造型相結合。徐悲鴻在國畫方面的造詣也很深厚。他是國畫創新的藝術實踐者。以人們熟知的「畫馬」為例，從這類作品中既能欣賞到中國傳統繪畫中的線條造型和筆墨之美，又能觀察到物象區域性的體面造型和光影明暗。

當時畫馬的名家很多，徐悲鴻與趙望雲都擅長畫馬，但是徐比趙的名聲大，趙很不服氣。一天，趙見徐不在，就問張大千：「大家都說悲鴻畫馬比我畫得好，你說說，到底是誰的好？」、「當然是他的好。」張大千直話直說。趙望雲頓感失望，連忙問：「差在哪？」、「他畫的馬是飛騰的馬和嬉戲的馬，你畫的是耕田的馬。」張大千解釋道。

奔騰的烈馬在徐悲鴻的筆下寄託了諸多志向和豪氣，表達了他對苦難中的家園依然保持著壯志豪情。徐悲鴻為中國繪畫及美術教育開創了一個新的方向。他畫的奔馬、雄獅給予人生機和力量，表現了令人振奮的積極精神。尤其他的奔馬，更是馳譽世界，幾近成了現代中國畫的象徵。

徐悲鴻看到一直以來被稱作東方「睡獅」的中國，卻被日本帝國主義侵占了大部分國土，到處生靈塗炭，「睡獅」已成了負傷雄獅。西元1938年，徐悲鴻怨憤難忍，畫了《負傷雄獅》，這頭雙目怒視的負傷雄獅在不堪回首的神情中，準備戰鬥、打拚，蘊藏著堅強與力量，含著無限的深意。他在畫上題寫：「國難孔亟時，與麟若先生同客重慶，相顧不懌，寫此以聊抒懷。」表現了他愛國憂時的思想。這是一幅現實主義和浪漫主義結合的傑作。

很多人都希望能夠遇到徐悲鴻這樣的伯樂，注意並賞識自己。若是工作幾年後依然不得志，有的人就會抱怨運氣不好，沒有機會一展所

哲學：世事洞明皆學問—工作中的另類哲學

長，無法實現自己的抱負。特別是一些剛剛踏入職場的年輕人，總在抱怨主管不給自己機會，不得已頻繁跳槽。這裡就有一個失誤，首先，在職場中，沒有誰有責任提攜我們，如果想讓別人賞識我們，就要學會與前輩相處的藝術。要對所有指導過我們的人抱有感激的心，包括我們的上司、同事、客戶，甚至是我們的對手。其次，要主動去了解行業，先去自我學習，發現自己的差距，有針對性地去請教前輩，讓他們感受到我們渴望進步的意願。最後，要對學到的內容進行轉化，形成自己的能力體系，這些內容，有些是從別人那裡學來的，有些是需要自己進行延伸的，而這些資訊的有效整合，是需要自己來努力完成的。職場中的伯樂是可遇而不可求的，所有能夠給我們幫助的人，都可以算作我們的伯樂，但前提是在自己職位、技術、專業的範圍之內。因此，在學習的過程中，一定要懂得辨析，去其糟粕取其精華。

交友遍天下的胡適

　　胡適日記：一個骯髒的國家，如果人人都開始講規則而不是談道德！最終會變成一個有人味的正常國家，道德自然會逐漸回歸！一個乾淨的國家，如果人人都不講規則卻大談道德，人人都爭當高尚，天天沒事就談道德規範！人人都大公無私，最終這個國家會墮落成為一個偽君子遍布的骯髒國家！

　　胡適（西元1891～1962年）應邀到某大學演講。他引用孔子、孟子、孫中山的話時，都在黑板上寫上：「孔說」、「孟說」、「孫說」。最後，他發表自己的意見時，也在黑板上寫上字，卻引得哄堂大笑，原來他寫的是：「胡說」。

　　胡適在中國近代史上絕對是個舉足輕重的人物，他提倡白話文，發動了**轟轟**烈烈的新文化運動，為中國近代革命和思想進步都做出了巨大的貢獻。他的學術儘管爭議很多，但絕不是「胡說」，他的主張和學說在某個特定階段對中國社會的進步也產生過積極的影響。胡適這個人性格開朗，心胸開闊，十分幽默，不知不覺中就能將自己的思想和主張傳達到他人的腦海中。胡適主張白話文運動，就是在潛移默化中薰陶他的學生的。胡適因勢利導地講，白話文來源於生活，更貼近我們的日常用語，只要運用得當，細心思索問題的中心所在，恰如其分地選用字詞，白話文較文言文是可以更省字的。讓學生深受啟發，許多人都漸漸接受了胡適倡導的「白話文」運動，也喜歡上了胡適本人。黃侃的高足傅斯年就是在聽了胡適的哲學課後，不僅欽佩胡適的學問，還崇拜胡適的為

哲學：世事洞明皆學問―工作中的另類哲學

人，徹底倒向胡適，處處維護和保護胡適，兩人成為肝膽相照的朋友。

胡適也的確適合做朋友，在北京城知名學者中，若論人緣之好，交遊之廣，影響之大，胡適當推第一人。胡適26歲就當北大教授，又是《新青年》雜誌主力，在新文化運動中奮力爭先，一時名滿天下。胡適逢人交往，沒有架子，談吐不凡，以致每個人都以認識胡適為榮。「我的朋友胡適之」曾經是許多人的口頭禪。據唐德剛《胡適雜憶》稱，「此語出處無考，但適之先生頗為得意。」此話突顯的，並非胡適的學問或貢獻，而是他的性情與聲望，以及他的好人緣。

胡適在朋友中向來以樂於助人著稱。他對林語堂的幫助已經成為文壇佳話。西元1920年，林語堂在哈佛大學留學，有個階段經濟拮据，就寫信給當時北大文學院院長胡適，言明畢業後會到北大教書，先預支薪資1,000美元。不曾想胡適還真的匯來，並附信叮囑他努力學習。後來，林語堂又遇到困境，再次寫信給胡適預支薪資1,000美元，胡適又如期將款匯到。

林語堂非常感激胡適的鼎力相助，完成學業後，如約到北大任教。當他去財務室歸還2,000美元的預支薪資時，財務人員查遍所有報表，發現根本沒有林語堂的預支薪資的單據。原來解救林語堂困苦的不是北大，而是胡適本人。那筆在當時近乎天文數字的錢，是胡適從自己的稿費裡挪出來的。胡適這樣信任和資助一個未曾謀面、名氣也不大的青年，難能可貴。胡適也從未向任何人提起過這件事，這就是胡適一貫的典型作風。也多虧胡適這樣的大師，能有這樣的胸懷，甘做綠葉扶持後輩。如果沒有這樣的提攜，文化缺貨，後繼無人的情況難免不會出現。

當今的大學教育一頭扎進急功近利、死板教條、唯利是圖的惡圈，教授

被稱作「叫獸」,我們大學的方向和希望又在哪裡呢?

　　胡適一生清貧,除了薪資以外,也只有稿酬收入了。有一次,梁實秋、羅隆基等人偷看胡適日記,胡笑容滿面地說:「你們怎可偷看我的日記?」隨後嚴肅地說,「我生平不治資產,這一部日記將是我留給我的兒子們唯一的遺贈,當然是要在我死後若干年才能發表。」抗戰時期,胡適做美國大使8年,工作緊張忙碌,每月只領固定薪水,文化及學術研究幾乎無大的發展,也就沒有額外的稿費收入。有一次因病住院醫治,竟因缺錢而幾致斷藥。孔祥熙知情後想施以援手,因知胡適清廉而固執,不會接受,故特地託他人拐了幾個彎送去4,000美金,資助胡大使治病。但胡適分文未動,出院後又原封不動地全額退回。

　　胡適不願受他人恩惠,但是對別人求助於他的事情卻十分熱心。胡適在上海時,左翼作家在魯迅領導之下,曾向他「圍剿」多次。我們可以從魯迅的文章裡,多次看到胡適被罵的狗血淋頭的文字。魯迅逝世後,許廣平為《魯迅全集》的出版而四處奔走,卻無人願意幫忙,不得已求助於胡適。不計前嫌的胡適馬上著手運作,促成魯迅文學的傳播。像這樣不在乎恩怨得失,不管是友人,還是曾經反對過自己的人,都能盡全力幫助,世界之大,又能有幾人?

　　胡適是傳統中國向現代中國發展過程中繼往開來的啟蒙大師。正因為他既「開來」又「繼往」,在流於偏激的當時人看來,他的言行不夠刺激,有人甚至把他看成連折衷派也不如的「反動學者」。而在思想過度保守的人眼裡,胡適卻又變成了背聖絕賢、為異端鋪路的罪魁禍首。因而胡適多彩多姿的一生,便在他自己常說的「左右為難」中度過。實際上,這可能正是他有生之年的時代需求,也可能是他名重一時的主因。或者

哲學：世事洞明皆學問—工作中的另類哲學

說，胡適完成了時代賦予他的所有要求，只是我們不願意客觀地評價他的作用和意義而已。

胡適自稱一生得過35個博士學位，照說智慧一流。據說胡適初到美國留學時，曾被30多種蘋果難倒。他自知不是學農的料子，便轉學歷史、文學，後方得成名，正應了那句話：「失之東隅，收之桑榆。」

胡適當了北大校長之後，地位自然更高，威望也日漸高升。但是所有的人都知道，胡適最怕老婆。他不僅把怕老婆當做口頭禪，而且還喜歡收集世界各國怕老婆的故事和有關證據。有位朋友從巴黎捎來10枚銅幣，上面鑄有「P‧T‧T」的字樣，胡頓生靈感，說這三個字母不就是「怕太太」的諧音縮寫嗎？於是他將銅幣分送好友，作為「怕太太協會」的證章。

胡適對老婆怕，對他的學生卻是深深的愛。在西元1932年7月3日出版的《獨立評論》上，有一篇胡適的文章，標題是〈贈與今年的大學畢業生〉。這篇文章雖然距現在已將近百年了，但是讀起來仍然有很大的現實意義。我們可以看到當年胡適先生擔憂的事情，現在還在發生著：

這一兩個星期裡，各地的大學都有畢業的班次，都有很多的畢業生離開學校去開始他們的成人事業。……現在他們要撐起自己的肩膀來挑他們自己的擔子了」……你們畢業以後，可走的路不出這幾條：絕少數的人還可以在國內或國外的研究院繼續做學術研究；少數的人可以尋著相當的職業；此外還有做官……或者在家享福或者失業閒居了。應該警惕的是，你們無論走哪一條道，都有可能墮落！

胡適認為，墮落的方式可以分為兩大類：一是容易拋棄學生時代的求知欲望；二是容易拋棄學生時代的理想和追求。這樣一來，畢業的學

生不是在現實面前丟盔棄甲,就是成了惡勢力的俘虜。從此以後,就會放棄美好理想和人生追求,心甘情願地做現實社會的順民。胡適一針見血的指出了這個頑疾。

胡適在指出這些弊端後,也給出了可取的建議,胡適提出有三種「防身的藥方」勸大家試試,我們也不妨借鑑一下。

第一個「藥方」是「尋一兩個值得研究的問題」去研究。一個人只要有問題意識,他的人生就會豐富多彩,就有價值,就不會墮落。從這些話裡可以看出胡適非常重視人的精神世界的建設。

第二個「藥方」是「多發展一點非職業的興趣」。如果職業與興趣愛好相距甚遠,那麼所謂「工作就往往成了苦工」。「最好的救濟方法只有多多發展職業以外的正當興趣與活動。」這樣一來,我們在業餘時間所做的事情就特別重要。

第三個「藥方」是要有一點信心。在這方面,胡適深有感觸地說:我們生活在一個不幸的時代,「眼中所見,耳中所聞,無非是叫我們悲觀失望」。因此,「在這個年頭不發狂自殺,已算是萬幸了」,誰還奢談什麼自信?但是胡適認為,這也正是我們要培養信心的時候。因為只要有信心,我們才能得救。

在這篇文章結束的時候,胡適極富感情地對大家說:「朋友們,在你最悲觀最失望的時候,那正是你必須鼓起堅強的信心的時候。你要深信:天下沒有白費的努力。成功不必在我,而功力必不唐捐(白白拋棄的意思)。」這其實也是胡適對每一個人的忠告,今天讀來,依舊能透過文字,看到胡適對年輕人殷切的面容和憂慮的神色。

西元1933年以後,文人從政十分時髦,胡適卻婉言拒絕:「我所以

哲學：世事洞明皆學問—工作中的另類哲學

想保存這一點獨立的地位，絕不是圖一點虛名，也絕不是愛惜羽毛，實在是想要養成一個無偏無黨之身，有時當緊要的關頭上，或可為國家說幾句有力的公道話。一個國家不應該沒有這種人；這種人越多，社會的基礎越健全，政府也直接間接蒙其利益。我深信此理，故雖不能至，心實嚮往之。以此之故，我很盼望先生容許我留在政府之外，為國家做一個諍臣，為政府做一個諍友。」

西元 1949 年，胡適在去往美國的船上，憑欄回望大陸翻天覆地的鉅變，想到了早年好友陳獨秀。當年「新文化運動」催生的那個共產主義思想，不經意間竟成為席捲而來的浪潮，胡適感慨之餘寫了一篇短文〈陳獨秀的最後見解〉。胡適說道：「獨秀最大的覺悟是他承認民主政治的真實內容有一套最基本的條款，一套最基本的自由權利，這是大眾所需要的，並不是資產階級所獨霸而大眾所不需要的。」

縱覽胡適一生，無論是早年留學美國，還是在亂世危局的中國，以及茫然問天的晚年，他都堅持了民主和自由的理想。「個人若沒自由，國家也不會有自由：一個強大的國家不是由一群奴隸所能造成的。現在有人對你們說：『犧牲你們個人的自由，去求國家的自由！』我對你們說：『爭你們個人的自由，便是為國家爭自由！爭你們自己的人格，便是為國家爭人格！自由平等的國家不是一群奴才建造得起來的！』」

胡適一生都在各種政治風波中度過，雖被尊敬卻從未真正對施政者產生過實質性的影響，這或許是胡適的悲之所在。但無論誰上誰下，胡適始終都堅持著自己的立場，始終保持自己的獨立性，始終倡導自由和民主，並最終成為那段歷史中不可忽視的人物。胡適與蔣介石之間的糾葛，多次被指責有損其獨立知識分子的人格。但隨著胡適日記和蔣介石

日記的不斷公開，人們發現這份指責對於胡適來說，也許有些過重了。不可否認，胡適對蔣介石抱有極大的政治幻想，企圖透過蔣來實現自由和民主的夢想，甚至差點被蔣捧為總統。但除此之外，並無其他，胡適也許找錯了人，但從動機到立場，他並無半分私心。

實際上，胡適生前最後講的話正是關於言論自由的。在臺灣，面對參加院士會議的學人，胡適批判著臺灣的所謂「言論自由」。正說著，胡適忽然停住了。也許他感到有些不適，突然收住嘴，說：「好了，好了，我們今天就說到這裡，大家再喝點酒，再吃點點心吧，謝謝大家。」他還站在演講的地方，正想轉身跟誰說話，卻仰身向後倒了下去，從此再也沒有醒過來。顯然，說到言論自由這個話題，胡適心情變得非常激動。他在收住演講之前，好像還有一些話要講。1960年代初期，蔣氏時期對於言論自由的敵意和壓制可謂劣跡斑斑，隨著胡適的倒下，他未說完的話就成為永遠無解的謎了。

胡適是個重視規則的人，反感空談道德，這一點對我們職場生存很有借鑑之處。職場就是一個規則林立的環境，這裡不需要仁義道德，因此，我們也不需要表現出自己多麼有愛心，多麼有仁義道德。一個商業公司，必然有成本和利潤，實際上，絕大多數商業行為，都是一種精心包裝後的誘導，而不是已道德為出發點。因此，我們應該深刻體會下列這些職場規則：

職場規則一：保守公司機密。作為公司的一員，保守機密是最基本的職責，哪些話該說、哪些話不該說，哪些事情該知道，哪些事情不該知道，心裡必須應該清楚。

職場規則二：保護公司利益。我們有責任保護公司的利益，這是每一位職場人必須清楚的道理，做出吃裡扒外或者損害公司的利益的事

情，那麼自己的利益也必將受到影響。

職場規則三：恪守職業道德。職業道德是什麼，就是在職場中待人接物的基本底線。職業道德和仁義道德不是一回事，應該審慎思考，以免犯下錯誤。

職場規則四：做好本職工作。身為一名員工，首先要做好自己的本職工作，在做好本職工作的前提下，再考慮其他事情，操心太多只會影響自己的本職工作，到頭來哪個都做不好。

職場規則五：保持言行一致。說到就要做到，做不到，就別說的太滿。言過其實，不可大用，這永遠是職場考察人的一個標準。

胡適被人譽為朋友遍天下，雖然他受到的非議確實不少，但是他在做事方面的態度真的很值得我們學習。我們在工作中能遇到講規則的老闆，是一件好事，至少他不會朝令夕改，也不會自食其言，只要我們按規則辦事，他也會按規則出牌。如果換做不講規則卻滿口大道理的老闆，就需要小心了，這樣的老闆隨時會否認自己承諾過的事情。

厚今薄古的范文瀾

所謂的「古」，是指以前的歷史文化形態及其社會制度；所謂的「今」，則指人們當今生活的現實社會。儒家思想的古今觀表達了對於社會歷史發展變遷的深刻認知。幾千年來，封建統治者試圖透過對歷史與現狀、理想與現實、繼承與變革之間的闡述，來揭示社會歷史發展的動因與方向。因而，通古今之變是儒學思想家揭示歷史、批判現實、規範未來的基本原則。范文瀾提出的厚今薄古觀點，在他的歷史著作中體現的淋漓盡致。當然，這種編寫思路也和大的環境有關，厚今是重要的，但是古代的東西也未必見得都丟掉。

西元1940年1月，范文瀾（西元1893～1969年）帶了30多箱書籍，從河南風塵僕僕來到延安，主持馬列學院歷史研究室的工作，任主任一職。

范文瀾是瘦瘦高高的個子，穿著打著補丁的衣服，戴著深度的近視眼鏡。有一次，上頭希望他召集研究室人員編寫一部通俗中國歷史讀本，字數要求在15萬字左右。范文瀾回去後即著手進行，這就是《中國通史簡編》的編撰起因。而參考數據，就是他帶來的30多箱書籍。

隨後，范文瀾擬了編寫提綱，深感篇幅有限，建議篇幅增加到25萬字。寫寫又不行，中國幾千年的歷史濃縮成25萬字確實有難度，於是又要求增加到45萬字。後來終於得到上頭一句「你們寫吧，能寫多少就寫多少」。這樣一來，范文瀾的編寫餘地就大了，思路也廣闊，一套鉅著就誕生了。這樣，在范文瀾的主持下，經過兩年多的工作，《中國通史簡

哲學：世事洞明皆學問─工作中的另類哲學

編》終於脫稿，於西元 1942 年出版。

范文瀾，浙江紹興人，7 歲進書房。小時候的范文瀾記憶力很差，對許多知識總是糾纏不清，在背書時就會挨先生的打。看到大歷史家范文瀾先生小時候也有這樣的不足，心裡面反倒平衡了很多。我們身邊有許多家長對孩子學什麼忘什麼的現象痛恨的不得了，輕則加重作業量，重則痛罵或者痛打。小孩子在學校遇到的既不是什麼名師，也沒有受到恰當的教育方式，家長的高標準確實有些過分。看看范文瀾老先生小時的表現，做家長的應該有所領悟，年齡未到，死記硬背的知識是沒用的。到了相應的年齡，這些知識一學也就明白了，沒必要早早地將孩子限定在模式化的圈子裡。

14 歲那年，范文瀾的父親將其送進縣立高等小學堂，後轉學到了杭州安定中學堂。在這裡，范文瀾悠閒地度過了四年的中學生涯。從中學畢業後，范文瀾冒險去上海國文預科考試，當時他覺得自己的卷子答得不成模樣，錄取絕無希望。但是，范文瀾的叔父鼓勵他，仍讓他去北京繼續考學。范文瀾來到北京後，發奮讀書，考取了北大預科，後又轉為正式學籍。當時，軍閥混戰，民不聊生，學校氛圍也很差，許多學生都在混日子，這一切也正是「五四」運動大風暴前的黑暗時刻。而范文瀾當時正沉溺在訓詁考據的圈子裡，在無聊之際，范文瀾還讀了相當數量的佛經。他雖然沉迷於學佛，但是也很反對學校不合理的措施，在學校由於言行激烈幾乎被要求退學。

西元 1917 年，范文瀾從北大畢業，他一邊當校長蔡元培的私人祕書，一邊與三年級的馮友蘭及二年級的傅斯年、俞平伯等人一起，在北大文學研究所國學門做研究生，半年之後因故辭職。這個時候毛澤東正

在北大圖書館工作,范文瀾經常去圖書館看書、借書,兩個人就有了初步的交往,但也局限於借書、閱書過程中的簡單對話。

西元 1922 年,范文瀾到張伯苓任校長的天津南開大學任教,開始了執教生涯。西元 1925 年,「五卅」反帝運動興起,范文瀾參加了天津群眾的遊行示威等活動,接觸到了共產主義。第二年,他加入中國共產黨,因為剿共行動,許多組織都被破壞,他不久就與共產黨失去聯絡。在南開大學任教期間,范文瀾常在課堂上講共產主義,天津警備司令部要逮捕他,經校長張伯苓協助,他於西元 1927 年 5 月離開天津回到北京。此後他在北京大學、師範大學、女子師範大學、中國大學、朝陽大學、中法大學、輔仁大學任教,最忙時每週上課 30 小時以上,每天都要在北京城坐著黃包車跑來跑去。

「七七」事變後,范文瀾親自上課,積極從事抗日救亡活動。開封淪陷後,他隨河南大學轉移到雞公山一帶。並加入中國共產黨,隨後輾轉奔赴延安。

范文瀾在延安工作的馬列主義歷史研究室後來改組為現今中國的中央研究院,他被任命為中央研究院副院長,兼歷史研究室主任。他夙夜匪懈的著書研究,又為了節約燈油,總在很微弱的油燈下從事寫作,因此損壞了眼睛,有一隻眼睛完全失明了。

1950 年代末,范文瀾根據自己在歷史工作者會議上的一次演講,整理成一篇文章,題目為〈歷史研究必須厚今薄古〉,范文瀾在這篇文章中認為厚今薄古和厚古薄今是兩條史學路線的角力。

然而,寫歷史的和研究歷史的在那個時期都成為言多必失的人。「文革」初期,范文瀾成了「反動學術權威」,經常置身於大批判的漩渦之

哲學：世事洞明皆學問─工作中的另類哲學

中。他在百般無聊時讀起了佛經，想讓自己超脫現實的困惑之境。有一天，范文瀾正在屋裡讀佛經，和他做鄰居的周建人（周樹人、周作人之弟）問他在做什麼，范文瀾告訴周建人：「我正在補課。」周建人就問：「補什麼課？」范文瀾說：「讀佛書。不懂得中國的佛教，就不能真正懂得中國的思想史、中國的哲學史、中國的文化史。」那時，范文瀾很專注地讀著佛書，還一邊讀一邊做筆記。讀了一段時間之後，他發現自己以前對佛教的批判觀點未必都是恰當的，而且自己對佛教的批判也還不夠實事求是。沉思過後，他似乎又有所後悔，於是就想把《中國通史》中關於對佛教的評論部分重新寫過。但是，當時已經沒有條件和資格寫書了，他只能每天打腹稿，期待有朝一日能彌補自己學術上的失誤。

西元1968年7月19日下午，）范文瀾接到消息說要重新寫一部《中國通史》，這一天晚上，范文瀾很興奮，一直在考慮這個任務，在考慮如何寫好中國通史，結果通宵失眠。

然而，在那思想觀點「日新月異」的年代裡，任憑范文瀾絞盡腦汁，還是無法跟上形勢的發展。他不顧自己身體有病，夜以繼日地寫作。由於勞累過度，再加上病痛纏身，一年後，范文瀾去世了，這本沒有寫完的歷史書成為他永遠的遺憾。

范文瀾「厚今薄古」的觀點，正如論證職場新人與老人的關係，這是職場中一對難以理清脈絡的群體。新人是老人帶出來的，他們是互助的合作夥伴，他們也是競爭對手，他們的「是非恩怨」就在職場中不斷延續著。職場新人總是會遇到些「倚老賣老，自以為是」的職場老人。這些人躲不起，因為每天抬頭不見低頭見；也惹不起，他們隨便找個理由，就能把新人整的狠狠不堪。對於職場老人而言，這是一條心理防線。在職

場中打拚越久,越能感受到自我保護的重要性。與職場新人相比,他們已經少了一個最重要的競爭優勢,那就是年齡。正所謂「青春無價」,新人有更多的時間去贏得更好的機會,而老人則會恐慌,畢竟重頭再來的成本已經太過昂貴了。職場新人總該經歷一個自我學習、自我發展、自我完善的過程,這是每個人成長的必經之路。職場上,每個人都曾經是新人,又會變為老人,從新人轉老的過程也是我們職場成長的過程。

哲學：世事洞明皆學問―工作中的另類哲學

百度之父李彥宏

　　美國有名的創業大王雷‧克利斯曾表示，成功的創業者，最重要的是要笨，要狂，要天真，要懶散。要笨到不在乎會得到什麼結果；要狂到肯把自己的一切全投入到工作中；要天真到不想一個人獨享成果，所以一開始便想和人分享；要懶散到必須有一大堆人替你工作。你只要坐下來，好好想你正在做什麼，以及你打算怎麼做。李彥宏認清了方向，堅毅不拔的去做，不把成果看得太重，他反而比較容易突破困難，取得成功。做自己認為需要去做的事，這種鎮定自若的胸懷不是每個人都能有的。

　　北京的一個記者去採訪一位汽車行業的專家，想就汽車發展趨勢做個訪談。專家很爽快地答應了，雙方約好下午2點見面。午飯後，記者就急匆匆趕往專家所在的辦公室，一路上交通出奇的順利。結果1點半多一些，記者就到了專家的辦公室。接待的文員解釋說專家剛剛去了洗手間，需要幾分鐘才能回來，請他稍等片刻。文員將他請進長官的辦公室裡，倒了杯水就出去了。記者乾坐著無聊，見專家的電腦開著，好奇心就上來了，他探頭看了看螢幕，只見是個百度的網頁，上面打著一行字「今年的汽車發展趨勢是什麼？」原來如此，記者又好氣又好笑，專家都得問百度，這個「百度」真是無處不在……

　　有人說，不管你想知道什麼，需要什麼，儘管「百度」好了，大到世界風雲，小到今天的菜價高還是低，好像還真沒有百度不知道的事情。在中國的網路領域，百度就是一面「旗幟」。它深耕中國市場，使得中文

搜尋領域成為了它的天下。

西元 1991 年，百度創始人李彥宏（西元 1968 年出生）從北京大學信息管理系畢業，隨後赴美國紐約州立大學水牛城分校（University at Buffalo SUNY）完成電腦科學碩士學位。他在美國 8 年的人生歷程，西方經濟浪潮改變了李彥宏的擇業觀。李彥宏親身感受了矽谷的騰起：他先後擔任了道瓊公司（Dow Jones & Company）高級顧問、《華爾街日報》網路版即時金融資訊系統設計者，以及在國際知名網路企業—Infoseek 資深工程師。他為道瓊公司設計的即時金融系統，迄今仍被廣泛地應用於華爾街各大公司的網站，他最先建立了 ESP 技術，並將它成功的應用於 Infoseek 的搜尋引擎中。這一切成功的收穫，都源於他在北大的信息管理系，在美國的工作經歷更讓他深諳搜尋的內涵，正是網路讓喜歡新事物的李彥宏激動不已，原來還有個世界如此美妙。

矽谷文化深深影響了他，每天看到與時俱進的經濟大潮，李彥宏問自己：再去加入這場商戰是不是已經太晚了？可是按照資訊經濟現在的發展速度，說不定這才是一個開始。他回憶這段人生抉擇時說，「我小時候很不服輸，越是大家不看好的事，我越是要做成。」

兵馬未動，糧草先行。回國後，李彥宏很快找到了創業夥伴——北大校友、生物學博士後、認識很多風險投資家的徐勇。經過一番遊說他們得到了天使投資人誠實合夥投資公司和半島基金的 120 萬美金風險投資。資金到位了，李彥宏的首要任務就是建立技術研發團隊。主持過多個國家級 IT 科學研究專案、第一個中文搜尋引擎創始人的北京大學副教授劉建國是李彥宏的第一個目標。共同的技術背景、對搜尋引擎的執著追求、對網路行業的痴迷使劉建國和李彥宏走到了一起。經過一番備

哲學：世事洞明皆學問─工作中的另類哲學

戰，西元2000年1月3日，在北大資源賓館1414和1417房間，百度歷史上的第一次全體員工會議召開了，與會的就是後來被成為「七劍下天山」的李彥宏、徐勇、劉建國、郭眈、雷鳴、王嘯、崔珊珊7位創始人。

西元2000年5月，百度僅用4個月的時間就完成了自己第一個可搜尋500萬個網頁的中文搜尋引擎，而風險投資商的要求是半年。5月底，百度就有了第一個客戶。有了梧桐樹，自然引來金鳳凰，隨後百度又贏得一系列中國大、中型網站。但是成長不會是一帆風順的，網路寒冬以及第一筆風投資金的耗盡使百度幾乎夭折。百度面臨著關門的境地，在行業環境惡化，市場蕭條，現金流將要枯竭的情況下，二次融資勢在必行，同時難度也可想而知。最終走到懸崖邊上，幾乎要把公司賣掉的李彥宏終於贏得了投資人的信任，並引來了第二輪投資者──德豐傑全球創業投資基金（DFJ）和IDG的共同注資1,000萬美元。這次融資的成功是百度發展史上至關重要的一個節點，它幫助百度幸運地度過了網路寒冬。

經過多年努力，百度已經成為中國最常使用的中文網站，同時也是全球最大的中文網站。在李彥宏的領導下，百度不僅擁有優秀的搜尋引擎技術團隊，同時也擁有中國最優秀的管理團隊、產品設計、開發和維護團隊。在商業模式方面，也同樣具有開創性。目前，百度也是全球跨國公司最多尋求合作的中國公司，隨著百度日本公司的成立，百度加速了走向國際化的步伐。

李彥宏的管理能力與大局掌控力出奇的優秀，他不僅有技術背景還對商戰有敏銳的直覺和出色的判斷。他的商業思維和市場眼光非常獨到，對搜尋產業方向的掌握和商業競爭的規律和規則理解得非常到位。

也許這與李彥宏在矽谷的耳濡目染有關,也許與在美國股市小試牛刀,關注股市起伏與公司策略間的關係有關。李彥宏找到了搜尋引擎的出路,但是創業與守業沒有哪家公司會一帆風順。面臨市場變化,見過無數矽谷商戰的李彥宏也在變化中求發展。他大刀闊斧的調整百度經營方向,以搜尋網站和競價排名為主要的業務增長點,以中國數量巨大的中小企業為主客戶。推出競價排名並實施「閃電計劃」對百度實行第二次技術更新後,2003 年年中的財務報表的顯示李彥宏的賭注壓對了。據美國 alexa 統計,百度現在已經是全球第二大的獨立搜尋引擎,在中文搜尋引擎中更是遙遙領先,名列第一。近期排名上升趨勢十分明顯,再加上 2,000 多個聯盟夥伴,透過競價排名,當中國網民透過搜尋引擎尋找各種資訊,80% 以上的使用者會看到由百度提供的結果。

2004 年,百度競價排名模式在國內已經非常熱門,也給代理商帶來了鉅額利潤。有代理商形容,拿到百度總代理的資格,就像是中了千萬大獎。頓時,百度的代理商資格變得炙手可熱。而此時,距離很多代理商不願意代理百度競價排名推廣,不過短短一年時間。

百度以踏實的作風,創新的精神,「以使用者體驗為核心」的理念,「簡單,可依賴」的企業文化引領了中國網路行業的一次次風潮;而更多的輝煌在於其成長過程中。2005 年 8 月,百度在美國那斯達克成功上市,成為全球資本市場最受關注的上市公司之一,創造了美國股市有史以來外國公司在這裡的最高漲幅。

不久,百度開始建立網站聯盟。為此,百度專門設定了聯盟發展部,負責百度聯盟的發展。一開始,百度的聯盟夥伴只有站長,後來網咖和電信也加入進來,聯盟的規模越來越大。聯盟的產品,從一開始的

哲學：世事洞明皆學問—工作中的另類哲學

搜尋框，到搜尋主題，再到文字鏈、圖片、影片，內容越來越豐富。2006年，百度為了提高士氣、擴大百度聯盟在行業內影響力舉辦了第一屆聯盟峰會。當時，百度聯盟的影響力還不是很大，聯盟合作夥伴的規模都比較小，但短短幾年後，百度聯盟的會員達到了近20萬個。

有人評價百度的成功在於：目標明確，市場定位準確。而且頭腦冷靜，不跟風，不搶潮。用這句評語描述其創使人李彥宏的性格特點也是非常適當的。經歷惡風巨浪，李彥宏承受了來自各方的壓力。有人曾說：世界上多數優秀的程式設計師天生偏執狂，總會認為自己做的東西才是最完美的。這種性格特點在李彥宏作為公司最高管理層時並無體現。他說他自己還有很多不足，他知道自己不是正規的專業經理人，他想學的東西還很多。他能虛心傾聽別人的想法，在公司內部會議主張大家自由交流，甚至說「可以不給我面子」，要的是集思廣益。這個公司的創業因子，帶有濃烈的矽谷文化，沒有嚴格的等級觀念，可以自由的發言。隨著公司的擴大這種文化還在延續。但一旦討論成為決策時，就要切實執行。

在百度的成長史上，李彥宏有時候比較「懶」，有些事絕不親力親為，他集結了許多最優秀的人才，共同做事，這是李彥宏最重要的用人原則。在創業初期，他找到了劉建國等一批頂尖的技術專家，上市前又找來了最優秀的財務管理專家王湛生。在一批高管由於各種原因離任，沒有找到最優秀的人才前，寧願讓這些重要職位空置著，也不願降低標準。他的理念一直是找到比他厲害的人，找業界最強的人。找到最優秀的人是不容易的，因此李彥宏大概有1/3的時間找人，1/3的時間應酬，剩餘的時間則用於他最喜歡和擅長的產品與技術上。

李彥宏認為管理中最重要的事情包括：知人善任、組建最優秀的高管團隊、否決提議、高效率執行。作為掌管著公司各種資源的CEO，必須具備辨識各種發展計劃優劣勢的能力，他將最要緊、最重要的發展計劃排到最前面，集中資源專注於發展與核心競爭力相關的業務。由於公司內部，各個部門之間存在著競爭關係，各個部門從自身的利益角度出發，都希望公司能夠給予更多資源，發展本部門的業務，因此，會不斷提交發展規劃。但是，作為CEO，一定要從公司全域性出發考慮問題，要善於對部門提議說不，保證公司的資源集中在核心業務上。

　　李彥宏放棄衣食無憂、前途無量的矽谷職業生涯，轉身投入榮辱未卜的創業大潮中，這需要極大的自信和膽略。只有懷著大夢想，工作和生活才有充足的動力，才會敢面對變幻莫測的未來和承擔責任。只有有了足夠的膽量，才會有非凡的勇氣去賭自己的人生，才會義無反顧地突破周圍人群的「善意」勸阻，才會勇於面對失敗的可能。創業者都有這樣的念頭：大不了剩下孤家寡人，從頭再來。我們都明白這個創業道理，但絕大部分人卻很難把這個道理轉化為實際行動。

哲學：世事洞明皆學問—工作中的另類哲學

哲人：天生我材必有用

—— 才智卓越的北大名人

學術名家劉師培

人們普遍缺乏個性，愛面子，講道德，但是又缺乏責任心。所有的這一切，帶來的都是人們的不確定性。善變者居多，有時為了大家，有時為了自己，而總的說來，都是為了顏面。這些瀰漫在有著幾千年文明史的國家裡的情感，讓很多人變得惶恐不安。有時不小心做錯了事，就得竭盡全力去遮蓋。因為我們生活在講「仁義道德」的社會裡，愛面子自然而然就成了中國文化的一個經典。劉師培在政治上幾次反覆，給人留下的印象未必好，但他仍不失一代學術名家風範。

劉師培（西元1884～1919年）在北大教書時，由於身體不好，患有肺結核病，講課時總是有氣無力的樣子；且有手顫的毛病，講課時就懶於動筆，很少寫板書，這樣一來，學生聽課總是有不清楚的地方，就沒少向學校反映這個情況。有一天，文科學長陳獨秀特地來旁聽，一堂課下來，劉師培只在黑板上寫了一個「日」字。就這一個字，劉師培還是看在文科學長大駕光臨的面子上才一揮而就的。這個被稱為「日」的漢字，就是在黑板上畫了個圓圈，中間加一點而已。陳獨秀下課後一笑了之，學生一看劉師培果然硬朗，從此再也沒有人指責劉師培不做板書。

過了些日子，劉師培與黃侃閒談，談著談著就說到錢不夠用了。劉師培想到自己的身體欠佳，課時不能安排的太密，收入一直不高，有些入不敷出；又哀嘆自己天不假年，忽然產生了賣字的念頭。他一本正經地徵求黃侃的意思，並說：「我書之佳趣，維太炎先生知之。」黃侃此時已拜在劉門下，他想到劉師培的字瘦弱無力，實在不敢恭維，又不忍拂

老師的面子。他想了想，劉師培只有自己的簽名還拿的出手，他坦誠地說了一句：「你只要寫『劉師培』三個字去賣就可以了。」出身於經學世家的劉師培，他的學問與章太炎齊名，可他的字寫得很醜很怪，在老北大文科教員中，要排倒數第一。周作人說，劉師培的字「寫得實在可怕，幾乎像小孩描紅似的，而且不講筆順。只看方便有可以連寫之處，就一直連起來，所以簡直不成字樣。」

字寫的不好，但是學問好！劉師培的名氣在北大可是如雷貫耳，一方面他在進北大之前就很有名，另一方面在北大時他也做出了一些令人敬佩的事。從學術方面說，他的學問文章傾倒無數青年，令人刮目相看。劉師培講課不如他的文章吸引人，他看的書多，記憶力好，上課從來不帶講義或卡片，兩手空空走上講臺，坐下就講，旁徵博引，就是一副病怏怏、有氣無力的樣子讓講課效果大打折扣。他記憶力之好，還可從另一件事得到佐證。據其家人回憶，劉師培少年時看到歐洲地圖，覺得新鮮，就仔細地觀看，家人連催幾次吃飯他才過來。家中長者問他看了半天有什麼收穫，他說在心裡默下了地圖。家人不信，他提筆一氣呵成整張地圖，地名一個不差，連細微之處也一一描上。從那以後，劉師培超強的記憶力傳遍十里八鄉。

劉師培出身經學世家，文筆非常出色，做起文章來，下筆千言，剛烈處如橫掃千軍，細膩處如春風化雨。這樣的才情，自然深得師生欽佩，以至於他狂傲的不可一世。從來不把天下文人放在眼裡的黃侃在他面前也是恭恭敬敬，最後還拜他為師就是最有說服力的。劉師培還有一個弟子劉文典，也在北大任教授，也是年輕有為。

西元 1917 年，蔡元培執掌北京大學的帥印，實行「思想自由，相容

並包」的方針，力排眾議，聘請劉師培為中國文學教授。劉師培雖然身患肺病，幸而他國學深厚，所編的講義《中國中古文學史》很受學生歡迎。學術上劉師培自成一代宗師，但是從立世做事方面說，劉師培卻以政治上善變而著稱。他保守懷舊，站在新事物的反面，以病弱之軀，承擔北大守舊營壘的中堅。

劉師培就是一個人，他曾經意滿科場，後來卻力倡排滿革命，隨後他由民主革命的鬥士轉變為無政府主義者，再變為清廷督撫的幕僚，最後以袁世凱復辟帝制的擁護者告終。他就這樣沿著一條越走越窄的「政治路線」走下去，而且如此徹底，絕不回頭，無可挽回。時人評價其善變，從他的一路政治生涯歷程也確實可以證明。

西元 1907 年 2 月，劉師培應章太炎之邀，偕母親、妻子何震及何的表弟汪公權等一起東渡日本求學。到日本後，劉師培加入了同盟會，並很快成為章太炎主編的《民報》的主要作者之一。他接連在《民報》上發表〈普告漢人〉、〈利害平等論〉等激烈的反清文章，氣勢磅礴的文章很快讓他的名氣傳遍日本華人。此時，章太炎因懷疑孫中山收受日本人的賄賂，以及厭惡孫中山個人生活中的不檢點現象，對孫中山非常惱怒。劉師培受其影響，對孫中山的評價也極低：「蓋孫文字不學之徒，貪淫性成，不知道德為何物。」

不久，同盟會發生了以章太炎為首的「倒孫風潮」。劉師培與幾個日本浪人結為至交，在「倒孫風潮」期間扮演著極不光彩的角色，他們陰謀刺殺孫中山，幸而未能得逞。「倒孫風潮」平息後，同盟會的內訌卻造成了無法彌合的裂痕，革命黨的兩位泰山北斗，孫中山與章太炎由同仇敵愾的戰友一變而為不共戴天的冤家對頭。之後的兩三年間，章太炎詆毀

孫中山是「背本忘初」的「小人」；孫中山則痛罵章太炎是「喪心病狂」的「陋儒」。雙方旗下的弟子和親信也加入到這一互相攻擊的行列，在謾罵之際，都失去了必要的理智。劉師培對孫中山的反感更激化為鄙夷和仇恨。他對革命的熱情很快變為冷淡，將自己脫離革命陣營的緣由歸結為「失望」二字。他說：「東渡以後，察其隱情，遂大悟往日革命之非。」所謂「隱情」即指革命黨人在公生活與私生活兩方面的缺失。

劉師培與章太炎他們都是狂熱的書生，不同於純粹的革命家，他們都有一條後路，隨時可以退回書齋，從事學術研究，脫離革命陣營並不意味著一事無成，這是他們心理上最後一道防線。章太炎心灰意冷，吵著嚷著要遁入空門，去印度學佛。時間不長，劉師培、何震、張繼、章太炎等人的思想轉向了無政府主義，他們希望探索出一種比三民主義更高明的革命理論。劉師培和張繼主持了「社會主義講習會」，在中國留日學生中宣講無政府主義和一些馬克思主義思想；何震創辦的《天義報》。後來，因諸多私事和其他原因，劉師培與章太炎關係也逐漸走向破裂。

西元1908年初，章太炎與劉師培夫婦合租一處房屋，同住的還有何震的表弟汪公權。何震是有名的交際花，劉師培不善應酬，於是何震常與她的表弟出雙入對。章太炎察覺二人關係曖昧，便私底下告訴劉師培，要他多留一點神，別讓汪公權與何震弄出醜聞來，影響自己的清譽。劉師培半信半疑，他的母親非但不信，反爾大罵章太炎。劉師培最終遷怒於章太炎，竊得章太炎的一枚私章，偽造〈炳麟啟事〉，刊登在上海的《神州日報》上，大意是章太炎對革命已失去信心，打算從此不理世事，專研佛學。

章太炎得知此事後非常氣憤，他在《民報》上刊登〈特別廣告〉，斥

責《神州日報》捏造事實，揭露劉氏夫婦是清廷密探。他們的關係徹底鬧僵，友情隨之破裂。不久，便發生了「毒茶案」，有人在茶中下毒，謀害章太炎。事情敗露，調查結果出來，是汪公權下的黑手，輿論一片譁然，劉師培夫婦陷入四面楚歌的尷尬處境。在此期間，日本政府應清政府的要求，查禁《民報》等報刊。劉師培在日本待不下去，就舉家回國了，但是他對章太炎怨恨難消。他把章太炎讓他與兩江總督端方聯絡籌款，以作遠赴印度遊資的五封書信影印寄給同盟會領導人黃興，揭發章太炎的「陰私」。說章太炎曾答應兩江總督端方，只要撥給二萬元，便可捨棄革命宣傳，去印度出家。劉師培此舉加深並加速了同盟會內部的分化，可謂親者痛而仇者快，他在革命陣營中徹底失去了立足之地。

　　西元 1907 年底，由何震出面聯絡，劉師培作〈上端方書〉，向清庭重臣端方表示今後「欲以弭亂為己任，稍為朝廷效力，兼以酬明公之恩」，充當了清廷暗探，踏上了背叛革命的不歸路。西元 1909 年，劉師培夫婦在上海誘捕陶成章未遂，又將浙江起義的機密出賣給端方。一位浙江人王金發恨其惡行，決定鋤奸，他挾槍闖入劉師培的寓所，劉師培跪地求饒，答應離開上海，保證竭力營救被捕的人，這才僥倖撿回一條性命。同年夏，王金發在上海擊斃了汪公權。受此驚嚇之後，劉師培覺得必須找個強硬的靠山才能保住自己的性命和地位，他公開入幕，為端方考訂金石，兼任兩江師範學堂教習。端方調任直隸總督時，劉師培亦緊緊追隨，擔任直隸督轅文案、學部諮議官等職。

　　西元 1911 年，端方前往四川，出任川漢鐵路大臣。他派兵殘酷鎮壓保路運動，最後卻被譁變的新軍所殺。劉師培也被拘押，成驚弓之鳥。出乎意料的是，章太炎第一個站出來，盡棄往日嫌隙，顧念劉師培學問

精湛，人才難得，作〈宣言〉，為他爭取一線生機。陳獨秀（時任安徽都督府祕書長）等人不念舊惡，多方營救，希望政府網開一面，讓劉師培戴罪立功，以期對文化事業多有彌補。為此，陳獨秀上書大總統，請求特赦劉師培。

西元1913年夏天，劉師培得以脫離牢籠，投奔閻錫山，當上了山西都督府顧問。一年後，劉師培由閻錫山推薦來到北京，又投靠了袁世凱，袁世凱授予他公府諮議一職。此間，劉師培與楊度、嚴復等人鼓吹君主制，為袁世凱復辟做言論準備。「學成文武藝，售與帝王家」，劉師培認為自己的家傳經學和多年的學術研究終於找到了「用武之地」。劉師培此時可謂聲名顯赫，被譽為「國師」和「莽大夫」。劉公館不僅「樓館壯麗」，而且有數十軍士握槍環繞守衛。每當劉師培回府時，車子剛到巷子口，軍士就舉槍高喊，劉參政回來了！

西元1915年12月15日，袁世凱順應「民意」，準備元旦「登基」。他授劉師培為上大夫。劉師培還於隔年1月創辦《中國學報》，在該刊發表〈君政復古論〉，鼓吹帝制。3月，發表〈聯邦駁議〉，自設十問，逐一作答，認為美國式聯邦制，不如君主立憲的帝制。袁世凱的復辟遭到全國人民普遍反對，被迫取消帝制。袁世凱死後，失去靠山的劉師培狼狽地逃往天津租界。接任大總統的黎元洪下令懲辦帝制禍首，劉師培、嚴復均在此列。由於李經羲「愛惜人才」，經黎元洪等人首肯，列入「寬免之列」。劉師培的政治生涯從此結束。直到蔡元培特聘其為北大教授，劉師培這才迎來自己的春天，復原為學術大師。

劉師培成為北大中國文學門教授，講授中古文學、《左傳》、《三禮》、《尚書》和訓詁學。初入北大，劉師培才33歲，但是病懨懨的了無生氣，

陳獨秀是劉師培的頂頭上司，陳內心雖然鄙薄劉的為人，但對他的學問相當佩服，所以對劉多有關照，颱風下雨照例准假。劉師培十幾歲便患肺結核，秋冬天時常咳嗽，咳中常帶血。劉師培好吸菸，菸癮很大，他的書案經常布滿菸灰，衣袖經常有煙燒出的洞。他喜歡邊吸菸邊看書，有時看的太入神，常將菸蒂錯插入墨盒中。劉師培一生提倡「三不生活方式」：衣履不要整潔、不要洗臉、不要理髮，也的確是個怪人。他為人不修邊幅，蓬頭垢面，衣履不整，看上去活像一個瘋子。他住在北京白廟衚衕大同公寓時，教育部舊同僚來訪，見他一邊看書，一邊咬饅頭，他面前擺著一碟醬油，卻因專心看書，把饅頭錯蘸在墨盒裡，送到嘴裡去吃，把嘴和臉都塗得漆黑一片，看上去又像一個活鬼。

從西元 1917 年開始，陳獨秀以北大為營盤，以《新青年》為陣地，扛起新文化運動的大旗，力倡科學和民主，為「賽先生」和「德先生」殺開一條血路。劉師培再次逆時代潮流而動，跳將出來與陳獨秀和胡適對壘，作為國粹派的主將，欲與新文化運動相抗衡。劉師培召集部分守舊師生，與黃侃一起創辦《國故》月刊，在新文化運動的中，也轟轟烈烈地辯論了一番。不過此時劉師培已經病入膏肓，深感力不從心，只是勉力而為。

隨後的幾年，劉師培在政治立場上學聰明了，開始少說話了。劉師培死後，蔡元培在《劉君申叔事略》中稱：「向使君委身學術、不為外緣所擾，以康強其身而盡瘁於著述，其所成就寧可限量？惜哉！」一片惋惜之情溢於言表，遺憾的是歷史畢竟不能假設。

「小不忍則亂大謀」，這句話在職場極為流行，甚至成為一些人用以告誡自己的座右銘。有志向、有理想的人，不應斤斤計較個人得失，

更不應在小事上糾纏不清，而應有開闊的胸襟和遠大的抱負。只有如此，才能成就大事，從而實現自己的夢想。劉師培在個人早期的職業道路中，多次衝動地作出極端的舉動。尤其是與章太炎等人的交惡，更使他在人生的道路上誤入歧途。這就好比我們在職場中，往往有很多表面上看起來是吃虧的事情，比如工作的調動，環境的變遷，同事的議論等等。面對這些事情，我們應該做到鎮定自若，心胸開闊，目光放遠一些。看這些事情對自己的長遠發展是否有利，而不是逞個人英雄主義。

哲人：天生我材必有用—才智卓越的北大名人

嚴復譯著《天演論》

　　嚴復是清末最有影響力的啟蒙思想家、翻譯家、教育家，是中國近代史上向西方積極尋求真理的「先進的中國人」之一。嚴復一生翻譯了大量的西方著作，積極傳播西方的政治體制以及科學知識。他的《天演論》不僅對思想界是一個巨大的貢獻，更把一個弱肉強食、適者生存的道理揭示給了迷茫無助的中國人。

　　積極的人在每一次憂患中都看到一個機會，而消極的人則在每個機會中都看到某種憂患，嚴復（西元 1854～1921 年）正是在內憂外患的國家境況中率先為中國發現了新的機會，找到了一條全新的道路。兩次鴉片戰爭，西方列強的堅船利炮，使東方老大帝國的羸弱暴露無遺。於是傳播西學，師夷長技，一時間成為朝野上上下下的共識。「自強」一直是晚清最重要的政治命題，為完成這一歷史任務，「師夷狄」成了不可避免的手段。如何「師夷狄」，僅僅學習西方的技術文明夠不夠？需不需要引入西方的制度文明，成為長期困擾晚清改革的一個死結。

　　為解開這個死結，制度改革的擁護者們在「夷夏之辯」的傳統思想框架裡找尋理論基礎——其基本策略是大力倡導「西學中源論」。例如黃遵憲高呼西方文明其實源自中國古代的墨家文明，說「餘考泰西之學，其源蓋出於《墨子》」。走得最遠的，當屬康有為，他的「考據」結果是：「外國全用孔子制」，所以，他的維新思路，是「孔教救國」。這些觀點都是新瓶裝舊酒，既沒有實際意義，更容易混淆和誤導人們的視聽和思想進步。

138

嚴復譯著《天演論》

　　隨著甲午戰敗，北洋水師全軍覆沒，嚴復開始對「洋務運動」有了更深層次的理解，他認為洋務運動只是「移花不移木」，做的都是表面的文章。沒有民力、民智、民德的進步，這種缺乏基礎的「師夷狄」是難以奏效的。中國的前途，必須寄託在培養一大批了解中西社會情況的能人志士身上。如果洞識中西實情的人士日益增多，則中國「亦將有復甦之一日也」。嚴復認為國家真正的強盛不在武備，在於心態和制度，這一論點從現代管理學角度來看也是十分正確的。在英國留學數年，嚴復已經意識到，歐洲堅船利炮背後，是一整套完善的社會制度，正是這樣的社會契約，保護了資本主義自由競爭以及社會其他各項事業，使之有利於促進社會改革。而教育，正是為了服務於社會，為了傳遞有效資訊，為了提高整個社會生產力，為了創造出更為先進的社會文化而必須的過程。這就如同企業文化和團隊精神在職場中的激勵一樣，這在當時是一種全新的生存、成長策略，教育人們不要懼怕黑暗，人間沒有永恆的夜晚；不要擔心嚴寒，世界沒有永久的冬天；不要喪失信心，一個人沒有永遠的困難。

　　甲午海戰後的嚴復一反往日的低調，連續在報紙上刊文，闡述自己對國勢江河日下的悲憤，第一次提出了改造國民歷史觀的命題。嚴複試圖傳遞這樣的認知：西方強盛的祕密，在於他們擁有「進步」的信念，一個人追求的目標越高，他的能力就發展得越快，對社會就越有益。中國人相信歷史是一個周而復始的循環過程，總是懷念先前的某一個朝代，所以中國走到了亡國滅種的邊緣。西方人相信歷史是一個進步的過程，所以他們繁榮強盛、不斷追求創新，因此成了世界的霸者。所以，國人最迫切的需要就是改造自己的歷史觀。

哲人：天生我材必有用—才智卓越的北大名人

不久，嚴復譯著了赫胥黎（Thomas Henry Huxley）的《進化論與倫理學》（Evolution and Ethics），也就是《天演論》一書。進化論與社會達爾文主義由此同時進入中國，徹底推倒思想界「夷夏之辯」框架的，正是這本書帶來的進化論思想。從進化論傳入中國的第一刻開始，就不只是生物學意義上的進化論，而是社會學意義上的進步論。嚴復在《天演論》裡說：夷夏不存在「本源」區別，只有進化程度高低的區別，西方文明之所以強盛，是因為他們進化得快，「歐之開化，始於古學復興之十六世紀（文藝復興）」，而同時期的中國只是空談理學，所以沒有進化。「夷夏之辯」框架的被突破，為各種西方思潮，包括自由主義、無政府主義、社會主義等等，均開啟了通道。進化論改造了人們的文化觀，此後，人們接受各種西方思潮，再無心理阻力。

嚴復譯著的《天演論》，對達爾文（Charles Robert Darwin）、史賓賽（Herbert Spencer）、赫胥黎的觀點都有所採取。嚴復設法將他們的觀點融於一爐，以共同完成一個他所尊信的、足以貫穿宇宙人生各個層面的天演論體系。他學貫中西，不僅僅是才智卓越，更重要的是他在譯著《天演論》的過程中體現出的哲學智慧更令人欽佩。嚴復一方面以史賓賽式的天演說與自由主義當作立書的根本原理，另一面又強調赫胥黎的互助與人治。他對於史賓賽、赫胥黎、達爾文等人的天演觀取捨的相當巧妙。一方面互相證明加強，另一方面各取所長。他在最需要強調生存競爭與淘汰時，通常提出達爾文；在需要指出天演的普遍規律與進化的應有途徑時，通常推崇史賓賽；然而在需要指出人類基於演化論所應持的倫理觀念與所應做的努力時，則大推赫胥黎。

這種斟酌取捨，在嚴復的書中看起來似乎非常自然，然而其背後卻

著實有著一番極深的哲學智慧。嚴復融會貫通各家而成的天演思想體系，兼有史賓賽、赫胥黎、達爾文、古典自由主義以及中國道、儒與諸子百家之長，並反映晚清社會的世界觀與基本精神。所涉及的範圍則從深邃的哲理、複雜的科學一直到實際的政治、經濟、社會與文化問題。當他立論成書時，所採取的學理上下古今，縱橫百家，而敘述的文字又極其精彩。這種心胸、才學、智慧，不僅當世無雙，百餘年來，也罕有其匹。

《天演論》向國人發出了與天爭勝、圖強保種的吶喊，指出再不變法將循「優勝劣汰」的自然之道而亡國滅種！這一思想，使當時處於「知識饑荒」時代的中國如獲至寶，有如一聲驚雷，震動了整個思想界、文化界，開啟了人們蒙昧已久的智慧，開啟了通向世界的大門。一時間，「物競天擇、適者生存、優勝劣汰」的進化論觀點深入人心，成為當時與封建頑固派進行鬥爭的思想武器，也是當時進行維新變法、救亡圖存的理論基礎。該書問世產生了嚴復始料未及的巨大社會反響，維新派領袖康有為見此譯稿後，發出「眼中未見有此等人」的讚嘆，稱嚴復「譯《天演論》為中國西學第一者也」。《天演論》發表產生的衝擊波不僅在當時，而是影響了幾代人，一舉奠定了嚴復在中國近代思想界的地位。《天演論》不僅僅是一個簡單的翻譯，而是一個偉大的融合與創造，其目標在於提出他自己認為最真實而深刻的歷史觀、世界觀體系。

實際上，他的一以貫之的學說即是其「天演」哲學的理論延伸，而他的哲學體系又是其理論實踐探索的概括和總結。能夠橫向縱向地對比分析闡明中國社會以及世界大趨勢的客觀連繫，能夠找到解決問題的方法，既沒有全盤否定中國傳統文化體系，也沒有全盤照抄西方思想體

系，可以說是嚴復將天演觀點在現實中的一種哲學智慧的體現吧。

經濟學家曾這樣點評：「如果嚴復向右進一步就能進入孕育軍國主義的史賓賽思想，向前進一步就能進入孕育現代法治化主義的康德思想，向左一步就能進入孕育了社會主義的黑格爾、馬克思思想，但是當時甚至到現在的中國都難以理解他深邃的思想，從而造成後繼無人的窘境。」嚴復在思想體系探索上的止步讓人覺得遺憾，也令人不解，在晚清那個動盪的年代，對傳播西方進步的思想有所保留，也許是嚴復的一種生存策略。讀懂嚴復或許能夠讀懂中國社會——要知道，嚴復對中國社會的某些思考，到今天仍然適用。

嚴復不僅介紹西方學術名理，而且能夠結合中國實際，就思想進步、教育價值功能、國民教育、中國文化匯合、實業教育提倡等方面提出自己獨特的哲學見解，啟迪眾人智慧，是中國近代哲學的重要理論財富。嚴復一貫的思維與學術傾向，在於融通各家學理，以成就一套一以貫之的思想體系。時代的刺激，固然對他的思考方式有一定的影響，然而嚴復獨特的學術與思想風格，卻為創立一個思想體系所決定。如果只是為了救亡圖存、追求富強、促進變法、化解危機，或引入先進的世界觀，嚴復實在不必大費周章地進行全面融合西方天演說入中國思想傳統的工作。再長的路，一步步也能走完，再短的路，不邁開雙腳也無法到達。

我們從事任何職業都不簡單，如果只是一般地完成任務當然不太困難，但要真正事業有所成就，為社會做出貢獻，就不是那麼容易的。只會俯首聽命的員工永無出息，不管大事小事都不用大腦思考而只靠命令做事的人，只是平庸的員工。只有那些具有懷疑精神、創造性完成各

嚴復譯著《天演論》

種任務的人，才會得到上司的欣賞和重識，從而走向自己的成功之路。所以，我們都需要建立雄心大志，有了物競天擇的觀念，才會隨時提高標準來要求自己。我們提升自己的要訣是切勿停留在原地不動，而欲達到此目的，首先要有不滿現狀的心理。但是僅僅不滿足現狀是遠遠不夠的，我們必須決定下一步往何處去？千萬不要做個只會成天抱怨的懶人。有些事情是不能等待的，假如我們必須戰鬥或者期望取得最有利的地位，我們就不能不衝鋒、奔跑和大步行進。

文壇魁首劉半農

不要因為一時的成敗得失而影響整個人生旅程，更不要因為出身草根階層來限制自己的成就，須知出身貧困不見得終生潦倒，出身富貴也不見得一生榮華。對於缺乏進取心和責任心的人來說，除了他們自己，所有的人、所有的環境以及所有的事情都可以是不幸和失敗降臨的理由，只不過，這些理由除了迷惑他們自己，沒有人會真正相信。劉半農的起點和普通人沒什麼兩樣，甚至還要落後一些，但是他在中途發力，超過了同儕，也超越了諸多前輩。

在「五四運動」以前，漢字中的「他」本無性別之分，因此翻譯外國文學作品，或自行創作文學作品，均感不便。新文化運動剛興起時，人們以「伊」字作為女性的「他」，如魯迅早期小說《阿Q正傳》、〈祝福〉等，均用「伊」字來代替女性的「他」。然而，「他」與「伊」為截然不同的兩個字，用起來仍有不少麻煩。劉半農考慮及此，反覆思索，乃首創「她」字以作女性之「他」。後來得到社會認可，廣而用之，「她」字到處通行，並載入了字典。「她」字意義非同小可，因為它不僅對於白話文的推廣產生了重要的作用，與此同時，也讓中國的女性在文字上有了專屬的位置。

劉半農（西元1891～1934年）是中國「五四」新文化運動的先驅之一。西元1917年到北京大學任法科預科教授，並參與《新青年》雜誌的編輯工作。西元1920年後出國留學，在他創作的一首題為〈教我如何不想她〉的小詩中第一次公開使用「她」字。這首詩很快便被同在倫敦留學

的趙元任譜成歌曲，隨後在國內傳唱開來，流行至今。有人說，〈教我如何不想她〉是一首寫給女友的情歌。但更多的人認為，「她」字在這裡代表的是中國，這首詩應該是劉半農在異國他鄉思念祖國的心聲。

西元1905年，14歲的劉半農從翰墨林小學畢業，以江陰考生第一名的成績考取由八縣聯辦的常州府中學堂。同期錄取的還有後來蜚聲海內外的國學大師錢穆。劉半農天資聰穎，每次考試各科成績平均都在90分以上，被遠近聞名的史學家屠敬山破例將他收為弟子。就在大家「羨慕嫉妒恨」的時候，相隔一個月，知府到學堂視察，臨時出了一道命題作文，結果劉半農又以第一名的成績再奪花魁。劉半農一時聲名大噪，這一次所有的同學都對他心服口服。錢穆晚年回憶說：「不三月，壽彭（劉半農別名）連中三元，同學爭以一識劉壽彭為榮。」就這樣，劉半農「才子」的名聲一下子傳開了。

西元1910年6月，在畢業的前一年，出於對學校保守的教育體制的不滿和失望，劉半農做出了一個驚世駭俗的決定，放棄到手的大好前程，毅然從學校退學。劉半農的退學在學校和家鄉引起了一場軒然大波，老師力勸，父親大為震驚，家鄉人也議論紛紛。這種魄力不是一般人所有，我們可以理解為不浪費青春時光。相比之下，千軍萬馬過獨木橋，走考大學之路，只為混一個文憑就顯得我輩膚淺之極了。

劉半農沒曾想，自己的退學之舉竟然引起如此軒然大波，便決定離開家鄉到外地發展。西元1912年，劉半農前往上海謀生，經朋友介紹，在時事新報和中華書局謀到了一份編輯工作，並在業餘時間發表譯作和小說。為了迎合讀者口味，他給自己取了幾個豔俗的名字，如半儂、寒星、范瑞奴等，而用的最多的筆名就是半儂。由於國文功底好，悟性

高，再加上勤奮和才情，劉半農很快成為上海灘文壇上一個十分活躍的小說新秀，擁有了一批讀者。5年時間發表了40多篇內容包括言情、警世、偵探、滑稽、社會等等有閒階級閱讀的消遣小說，〈失魂藥〉、〈最後之跳舞〉等等。經過幾年奮鬥，劉半農在上海灘基本站穩了腳跟，被人稱為「江陰才子」、「文壇魁首」，他已經可以靠著每月幾十元的稿費維持一家人的生活。劉半農終於用一支筆為自己闖出了一片新天地，他的名氣直線上升。

西元1917年夏，劉半農從上海返回江陰，一方面在家中賦閒，一方面思考著自己未來的人生道路。由於離開了上海，無法及時供稿，他就沒有了固定收入，只好靠變賣家中物品度日。大文人的面子短，不願和父母伸手要錢，經常窮得家徒四壁，妻子不得不經常到娘家去借貸。這段時間幾乎要將劉半農折磨瘋了，在鄉親們的白眼中度日如年。

就在一家人貧困潦倒的時候，劉半農忽然接到了一封來自北京大學蔡元培校長寄來的聘書，聘請他擔任北京大學預科國文教授。一個連中學都沒有畢業的人突然接到全國最高學府的聘書，不僅妻子難以相信，他自己也不敢相信。開始劉半農還有些丈二金剛摸不著頭緒，想了半天才想到在上海與《新青年》主編陳獨秀一次難忘的會面，現在看來一切都是那次會面時的結果。事實正是如此，那次會面陳獨秀慧眼識珠，不僅看出劉半農身上的銳氣，更看出他是一個可造之才，於是向不拘一格選人才的蔡元培先生作了大力推薦。就這樣，一個連中學都未畢業的劉半農鯉魚躍龍門，跳入了全國最高學府——北京大學。

英雄不問出處，是那個時代北大最顯著的特徵，只要你有才華，就可以出人頭地。不是我們身邊沒有千里馬，而是我們缺少伯樂的眼光和

對人才提出的附加條件太苛刻。現在做什麼都看文憑,不注重能力。前些日子某地的保全應徵,要求碩士學位,他們給出的解釋是學位高的人服務態度好。這個解釋真是令人無言以對,不是說保全不需要高學歷的人,但是這個職位的含金量也不至於非得要求碩士學位吧?

在北大,劉半農結識了錢玄同、周作人、胡適等人,他為北大的學術氛圍欣喜萬分,也為新認識的各路名人滿懷知己之心。在北大圈子中,劉半農、周作人、錢玄同最為友好,是終生不渝的朋友。三人性格很是不同:錢玄同是有名的急性子,劉半農則活潑天真,周作人平和,但性格並不是他們友誼的障礙,因為他們所認同的人生態度和思想文化境界早已把他們緊緊地連在一起了,只不過表達的方式不同罷了。三人是無所不談的老友,又各有千秋,無論他們的談話或是書信往來,總是莊諧雜出,令人捧腹。

北大是新文化運動的發祥地,也是新文化思想的中心,進入北大後劉半農變成了新文化運動的急先鋒。醉心於通俗小說創作的劉半農在《新青年》雜誌上看到胡適的〈文學改良芻議〉,大受震撼,決定與舊文學決裂,投向新文學。西元 1918 起,劉半農開始向《新青年》雜誌投稿,表達自己文學改革的願望。署名時斟酌再三,覺得自己以前用那種香豔媚俗的筆名「半儂」十分可恥,毅然去掉了偏旁,以示與過去決裂,從此「半農」成了他正式的名字。

僅在《新青年》雜誌上寫寫文章,劉半農覺得還不過癮,他希望與復古派守舊派來一次徹底的正面交鋒,給他們迎頭痛擊。他把自己的想法告訴了好友錢玄同,提議兩人合演一曲對攻戲。一個作為頑固的復古分子,封建文化的守舊者——「王敬軒」發起進攻,另一個作為新文化的

革命者,以記者身分對他進行逐一駁斥。用這種對攻的形式把正反兩個陣營的觀點都亮出來,引起全社會的關注。一開始錢玄同覺得主意雖不錯,但手法有些不入流不願參加。但劉半農堅持說,非常時期只有採取非常手段才能達到目的。經他反覆動員,最後錢玄同才同意與他一起出演對攻戲。

這一場「對攻戲」旗幟鮮明,在文壇引起強烈反響,不僅真的引來了「王敬軒」那樣的衛道士,更多的卻引起了青年學子和進步人士的喝采。這一正一反兩篇文章同時出現,結果「舊式文人的醜態是出盡,新派則獲得壓倒性的輝煌勝利。」一些原來還在猶豫的人都開始傾向新文化了,他導演的這出對攻戲已經成為現代文學史上點睛之筆。

劉半農在北大文章縱橫,自知根基淺,所以十分勤奮,但在北大這個學院派占統治地位的地方,像他一個連中學都沒有畢業的大學教授依然被一些人視為「土包子」,對他能否勝任教學和編輯工作常常表示懷疑。一次在《新青年》編委組成人選上,胡適就直接提到了人選的學歷問題,這對劉半農無疑是一個很大的刺激。同時,劉半農在上海灘染上的才子氣,包括穿衣舉止等也遭到一些人的嘲笑。

別人的冷眼是最好的激勵,劉半農全身心投入到學術研究之中。在蔡元培的支持下,劉半農考上了公費赴英留學的資格。西元1920年2月7日,劉半農攜夫人和女兒自上海啟程,乘坐日本貨輪「貿茂丸」赴英留學。當時倫敦正值一戰後生產力不足,因此生活費昂貴,僅靠劉半農一個人的留學費日子過得十分拮据。在給友人的信中,劉半農這樣寫道:「我近來的情形,真是不得了!天天鬧的是斷炊!……留學費也欠了數月不發……我身間有幾個錢,便買只麵包吃吃,沒了便算。」一戰後的歐洲

通貨膨脹嚴重，貨幣不停地貶值，那點可憐的公費到留學生手上，早就嚴重縮水。每天，劉半農帶著大女兒在菜市場上討價還價，就為了多買點食物回來。雖然生活上一貧如洗，但是劉半農沒有放棄學業，他幾乎把所有的時間都用在功課上。

就在這段時間，劉半農發明了「它」和「她」這兩個常用字。對於語音的摸索和實驗，他也積極地嘗試。事實上，在這方面，他的研究卓有成效，在法國的時候，他就經巴黎大學語音學院院長提名，成為巴黎語音學會會員，他的博士論文《漢語字聲實驗錄》榮獲「康士坦丁·伏爾內語言學專獎」，是由《法國最高文藝學院公報》宣布的。劉半農在巴黎學習期間，還利用業餘時間抄錄了法國國家圖書館藏伯希和所獲的敦煌文獻104件，輯成中國敦煌學發展史上一部具有劃時代意義的著作《敦煌掇瑣》，回國後正式出版。看到中國的文物在異國收藏，劉半農內心十分氣憤，這是赤裸裸的文化掠奪，雖然披著保護文化的外衣，但是這種行為是不可原諒的。

1925年初，劉半農從法國學成歸國，在到達上海前夕，從輪船上寫了一封信給周作人，他說：「若說我們中國人野蠻不開化，在這不能保存古物的一點上，卻正可以當之而無愧！離巴黎前得兼士（沈兼士）來信，說有個美國人要到新疆挖掘古物，北大派陳萬里先生同去。當真！這已是中國學術界中破天荒的一件事了。但試問新疆是中國的土地，美國人豈能自由挖掘！若換作美國土地上有什麼一宗古物發現了，我們中國人能不能去挖掘？」劉半農雖然不清楚北京大學派陳萬里參加考察隊的內情，但他在信中說的話已反映出他堅決反對外國人到中國西北考古的態度。

劉半農抵達北京，受到北大師生的熱烈歡迎。在蔡元培的關心支持下，北大成立了中國第一個語音實驗室。劉半農制定了一個宏大的計畫，決定完成一部《四聲新譜》、一部《中國大字典》和一部《中國方言地圖》。在編著這些書的同時，劉半農深感中國傳統文化的丟失和淹沒甚為可惜，尤其是許多外國人到中國進行文化考古，將無數書籍和古物走私出境。劉半農一再號召政府實行有力的文化保護，特別是對西北文物的保護。

西元1926年底，瑞典探險家斯文·赫定（Sven Anders Hedin）來華與北京政府協商，想獲准去中國西北進行他的第5次中亞考察。劉半農等人聞訊後，立即集合，聯絡北京大學、清華大學等在京十餘機構，於西元1927年春建立「中國學術團體協會」。「以保存國境內所有之材料為主旨，以古物、古蹟、美術品及其他科學上之重要及罕有材料為範圍。」從劉半農回國後的10年間，他和其他教授合力阻止了多起名為考察隊，實為掠奪的外國文物販子。

對於那些真正考古的外國學者，劉半農還是非常尊敬的。斯文·赫定是第一位同意與中國學術界合作的西方探險家，並且在合作過程中平等對待中國科學家，最終贏得了劉半農和整個中國學術界對他的諒解，雙方的關係逐漸由相互敵視轉為相互尊敬。而劉半農的死，竟然也在一定程度上歸因於他對斯文·赫定的尊敬。

西元1935年2月19日是斯文·赫定的70大壽，瑞典皇家地理學會計劃出版紀念文集，向劉半農約稿。劉半農出於對斯文·赫定的尊敬，就開始著手寫祝壽文章。他決定再寫一篇有關北平、綏遠沿線方言聲調的論文，為斯文·赫定祝壽。為了寫這篇文章，劉半農於西元1934年6

月 19 日攜白滌洲等助手離開北平，前往內蒙古等地實地調查方言音調和聲調。但在考察途中，劉半農遭到昆蟲的叮咬，不幸傳染上致命的回歸熱（Relapsing fever）。他於西元 1934 年 7 月 10 日抱病提前返回北平，卻被庸醫誤診。7 月 14 日才入北平協和醫院，當日下午便與世長辭，年僅 43 歲，葬於北平西郊香山玉皇頂南崗。

　　劉半農進入北大教書後，沒有故步自封，靠吃老本過日子，而是刻苦學習，不斷充實自己的知識體系，最終學貫中西，成為一代名家。他不斷進取的精神和行動留下了深刻的啟迪給我們，那就是在職場上要奮勇爭先。但是，有許多職場新人總是這麼認為，自己從學校畢業了，不再參加各種令人苦惱的考試和測驗了，日子可以過得瀟灑一點，至於學習，已經是可有可無的了。其實，這種想法是非常錯誤和危險的。現代職場不允許我們安於現狀，從某種意義上來說，我們進入職場就是進入了戰場，在這裡，只能贏，不許輸。所以，為了提高自己的存活率，必須不懈地學習，爭取成為最後的贏家。現代職場，只有起點沒有終點。如果我們不及時更新自己的「頁面」，就會被別人無情淘汰，這就是現代職場的「進化論」。我們一旦進入了職場，就如同啟動了永遠不會停歇的「永動機」，必須奮鬥不止……

哲人：天生我材必有用—才智卓越的北大名人

北大之父蔡元培

　　中國的大學之所以飽受詬病、重疾纏身，是由於痛徹的道德淪喪。古今中外，大學之所以被形容為象牙塔，主要是因為這裡是全社會思想的先導，理想的泉源。管理大學的力量往往是超越金錢、地位的人文精神，普世價值。越是在劇烈體制轉軌時期，越是市場經濟發展，社會物欲橫流，大學更應該替全社會恪守道德和學術的底線。蔡元培先生很早以前就告誡我們這個國家：要有良好的社會，必先有良好的民眾，要有良好的民眾，就要先有良好的教育。

　　西元 1917 年 1 月 4 日，古老厚重的北京城，依然是一副清朝遺老遺少的面目，雖然已經是民國了，傳統的官威還是無處不在。一輛四輪馬車緩緩駛進北京大學的校門，清脆的馬蹄聲響徹校園。按照北大傳統，兩排工友恭恭敬敬地站在兩側，向這位剛剛被任命的北大「大當家的」鞠躬致敬。蔡元培（西元 1868～1940 年）看到了兩邊肅立的工友，他沉穩地走下馬車，摘下禮帽，向這些雜工們鞠躬回禮。在場的人都愣住了，這在北大是前所未有過的事情。從京師大學堂沿襲下來的北大是一所等級森嚴的官辦大學，校長是內閣大臣的待遇，從來就不把工友放在眼裡。今天的新校長怎麼了？

　　從西元 1912 年京師大學堂更名為北京大學，到五年後蔡元培出任北京大學校長，短短 5 年間，北大走馬燈似地換了四任校長：嚴復、章士釗、何燏時、胡仁源。他們都是民國文化教育界鼎鼎有名的菁英人物，儘管使盡了渾身解數，可就是當不好一個脫胎於舊體制的大學校長，難

有作為。歷史的重任最終交到了蔡元培的手上。北大的新生由此細節開始，就知道這位新校長將會給他們帶來意想不到的舉措。蔡元培也希望透過這一行為開風氣之先，使得這所聲名狼藉的國立大學煥發生機。此後，他每天進學校時，都要向站在大門旁邊的工友們鞠躬致敬。久而久之，這成了他的習慣。他的這一行為，是對北大官氣的一個反撥，是教育北大同仁如何做人、做事的一面旗幟。

北大當時的名聲十分糟糕，是著名的「官僚養老院」。老氣橫秋的學生無意學習，不思進取的教授也無心教學。蔡元培任北京大學校長以前，北大的學生也並不是後來「五四」運動中意氣風發的俊男靚女，多數是一些身穿長袍馬褂，留著鬍鬚的舉人、秀才之類，暮氣沉沉；有些人上學甚至帶著僕役，彼此不稱同學而稱「先生」、「老爺」。許多教授還是北京城著名的煙花柳巷「八大胡同」的常客。如果不是偶爾欠薪，北大教授們的業餘生活還是很愜意的。當時哪個北大教授如果不知道京劇「四大名旦」是誰，一定會被人嘲笑為不入流的「鄉巴佬」。

為了扭轉頹廢奢靡的校風，蔡元培成立了「進德會」。該會的會員分甲、乙、丙三種：甲種會員不嫖、不賭、不娶姨太太；乙種會員除了甲種會員的要求之外，還不能做政府的官員，也不能做議員；丙種會員要求最為嚴格，除了要達到甲、乙兩種會員的要求之外，還不能吸菸、不能喝酒、不能吃肉。在他的號召下，許多教授紛紛加入「進德會」。

蔡元培深知，要改變學風，首先需從整頓教師隊伍入手。學生不喜歡聽課、不愛好學術，教師自然難辭其咎。蔡元培先是三顧茅廬，請來《新青年》主編陳獨秀當文科學長，《新青年》編輯部隨之遷至北京。之後他又聘胡適為北大文科教授兼文科學研究究所哲學門主任，這兩人後來

成為了新文化運動的領軍人物。後來蔡元培又相繼聘請李大釗、魯迅、錢玄同、劉半農、周作人等新派人物到北大執教。這些人加上北大原有的革新派沈尹默等，圍繞在陳獨秀和《新青年》的周圍，發起一場轟轟烈烈的新文化運動便勢在必行了。

此外，還有章士釗、李四光、梁漱溟等名家，這些教授各有專長，北大一時間成為學術交流的中心。與此同時，蔡元培還留聘、新聘了一批學術造詣深厚而思想保守的教授，比如辜鴻銘、劉師培、黃侃、崔適等，又以他們為核心，形成了北大的保守派營壘。這些閃耀在二十世紀中國文化上空的巨星們，齊集北大。以這兩大陣營為主，揭開了革命的序幕。

一時間，北大兵強馬壯，學校面貌煥然一新。據西元1917年底的統計，當時北大教員平均年齡僅30多歲，是一個充滿活力，正值學術研究旺盛期的隊伍。大師們在北大迸發出了驚人的生命力，他們頑強地守護著中華文明的心脈，並且用各種或激進或固執的手段，嘗試著為這個衰亡的文明走出一條生存的道路。即便是陳獨秀這樣最初是要將這個世界徹底革命的先驅，骨子裡也無法割捨對於這個養育自己的中華文明的深深依戀。本科學生的平均年齡為24歲，這樣的年齡正是思想最為活躍的階段，其中不乏後來成為一代名家的傅斯年、羅家倫、顧頡剛、馮友蘭等。正是有了這批教授與學生，五四新文化運動的大火才能熊熊燃燒；正是這批教授和學生，日後成為了中國文化的脊梁。而將這些人集合在一起的力量，正是蔡元培所獨有的人格魅力以及他的教育思想。

北大從頹唐萎靡之中一下子變得生機勃勃。透過新文化運動、五四運動，北大的文化學術、道德文章、革命精神，一時成為全國教育之楷

模、文化之領袖，成為全國高等教育的精神代表。蔡元培自西元1917年進入北大至1927年底脫離北大，共有10年多的時間。這10年是北大歷史上生機勃勃、輝煌燦爛的10年。蔡元培的名字同北京大學緊緊連繫在一起。他的思想、精神和業績都深深嵌入了北大的歷史，當然還有中國的教育史和現代史。蔡元培辦北大，將北大作為自己的孩子來看待，北大是他生命的一部分，北大是他的一個輝煌的文化理想。從此，北大與蔡元培如同血肉般連結在一起。

蔡元培在學問上雖不是一個專家，卻是一位通儒，他在文學、史學、倫理學、美學、政治學、教育學及至科學技術等方面，都有著很深的造詣，是一個多維度的思想家。正是這種淵博的學識，使他能夠領袖群倫，相容並包，開一代學風。文人是最難征服的。蔡元培能請來新舊兩派的領軍人物到北大任教，同時接受他的領導，首要條件就是在學術上能夠獲得他們的認可。再次，就是蔡元培先生的人品和為人處世風格讓眾人心服口服。

有一次，北大名流歡聚一堂，錢玄同冒失地問道：「蔡先生，前清考翰林，都要字寫得很好的才能考中，先生的字寫得這樣瞥腳，怎樣能夠考得翰林？」蔡先生不慌不忙，笑嘻嘻地回答說：「我也不知道，大概那時正風行黃山谷字型的緣故吧！」黃山谷即北宋文學家和書法家黃庭堅，他的字型不循常軌，個性飛揚，如亂石穿空，以剛勁奇崛著稱。蔡元培的急中生智既見出他的涵養，也見出他的幽默，滿座聞之，皆忍俊不禁。

蔡元培在北大初期，正是北大學生運動從萌芽向輝煌邁進的時期。實際上蔡元培本人並不支持學生運動。一名叫曹建的北大學生對「五四」

運動時蔡元培的言行有生動的回憶：學生被捕之後，大家聚集在三院禮堂裡，束手無策。忽然聽見腳步聲從外面傳來，眾人仰首張望，原來是蔡元培校長。一群學生害怕受到先生的斥責，另一些學生則歡呼，有的甚至放聲大哭。先生從容走上講臺，怡言溫詞地對大家說：「你們今天所做的事情我全都知道了。我寄以相當的同情。」還沒有說完，全場呼聲雷動。先生接著說：「我是全校之主，我自當盡力營救學生之責。關於善後處理事宜也由我辦理，只希望你們聽我一句話就好了。從明天起照常上課」。

蔡元培非常珍惜北大已經取得的成就，也非常心痛不幸入獄的學生。從「五四」運動一開始，他對過度參與政治活動傷害學術研究和大學的獨立性都有清楚認知。雖然他倡導「思想自由、相容並包」的辦學方針，但是這些都應限制在學校內，而不是走上街頭。究其根源，這一顧慮乃是中西合璧的產物——既是對西方辦學經驗的汲取，也是對中國傳統儒家優良教育傳統的繼承。蔡元培曾三次留學德國，並在洪堡大學接受了完整的教育，所以深受德國大學精神的影響。蔡元培理想的大學是擁有獨立地位的、追求純粹學問的一個思想與知識的生產、交流和傳播的機構。蔡元培力圖引進德國的教育理念，糾正中國自古以來就根深蒂固的「仕而優則學，學而優則仕」的教育模式。

若講獨立性與自信心，學界不但沒有進步，還在倒退。今天的大學，正亦步亦趨地複製美國大學的模樣。舉個例子，幾乎所有大學都在獎勵用英文發表論文，理科迷信SCI（被美國科學資訊研究所收錄刊登的理工科論文），文科推崇SSCI（被美國科學資訊研究所收錄刊登的社會科學論文）或A&HCI（在美國收錄刊登藝術與人文科學類論文）；聘任

教授時，格外看好歐美名牌大學出身的；至於教育行政官員，更是開口哈佛，閉口耶魯。我們吶喊著和世界高等教育接軌，但是我們大學的研發能力卻降至了最低點。

蔡元培的夢想在北大只是得到了部分的實現，但一所真正意義上的現代大學，在他捧起的雙手中慢慢成形了。事實上，北大確實在蔡元培的帶領下，形成了平等、自由的氛圍。

幾年後，蔡元培離開了北大遠赴美國考察。在紐約的中國留學生為他開了一個歡迎會，會場設在哥倫比亞大學的一個大教室內，到會的人很多，座無虛席。蔡元培一進會場的門，在座的人呼地一聲都站起來了，他們的動作是那樣的整齊，好像是聽到一聲口令。其實並沒有什麼口令，每個人都懷著自發的敬仰之心，不約而同地一起站起來了。蔡先生在歡迎會上講了一個故事：有一個人的朋友得到了神仙的法術，能點石成金。這個朋友對這個人說：我能點石成金，你要多少金子，我都點給你。這個人說：我不要金子，我只要你那根手指頭。全場鬨然大笑。蔡先生接著說：「諸位同學到國外留學，學一門專門知識，這是重要的，更重要的是要得到那個手指頭，那就是科學方法。你們掌握了科學方法，將來回國後，無論在什麼條件下，都可以對中國做出貢獻。」蔡先生誠懇的態度和風趣的言語，使幾百個到會的人都受益匪淺。

抗日戰爭爆發後不久，上海淪陷，國民黨政府遷都重慶，中央研究院也遷往內地。蔡元培因不願隨蔣介石去重慶，改從上海赴香港，再轉赴昆明落腳，主持中央研究院院務。但是到達香港之前，蔡元培受了風寒，得了一場傷寒病。已經近 70 歲的老人，面對前面的長途跋涉，十分擔心能否安全到達昆明。無奈之下，只好先滯留香港，全家在九龍柯士

甸道 156 號租房居住。

蔡元培在港期間很少跨出大門，除了讀書閱報之外，絕無其他消遣。香港住宅，又很狹窄，三四個房間，便成為他日常活動的小天地，生活的枯燥，是可以想像的。在枯燥、清貧、寂寞中，蔡元培的生命漸漸地走到了盡頭，這盞光照中國教育界、思想界的明燈即將熄滅。

西元 1940 年 3 月 3 日早晨，蔡元培起身後到浴室去時，在浴室門邊，忽然感到一陣頭暈，失足摔倒，吐了一口鮮血。家人和特約醫師連忙將他送到養和醫院去診治，由於輸血設備都在香港大學，又將蔡元培緊急轉移到香港大學。輸血的過程中，蔡元培已經陷入昏迷狀態。輸完之後，他的手足開始緩緩活動，兩片嘴唇也微微翕動，像要開口說話，大家都很驚喜。輸血後回到養和醫院，已是凌晨以後，約至 4 點多鐘，蔡元培的呼吸開始顯得很費力。6 時左右，已經極為微弱。7 點左右，病房裡的陽光越來越充足，隨著光影的移動，「北大之父」的氣息卻越來越微弱。9 時過後，蔡元培吐出了最後一口微弱的氣息，永遠的離開了人世。

消息傳出，西南大學全體師生無不悲痛欲絕，留守北大的師生也佇立默哀。時至今日，提到北大的歷任校長，蔡元培仍是我們最熟悉的名字。

如果沒有蔡元培，就沒有今日的北大。蔡元培先生的領導力有目共睹，當我們細細發掘他在北大的言行，體感身受的卻是他的質樸和個人魅力。在全球範圍內，人們對領導力的需求遠遠超過了它的供應能力。如今，「強而有力的領導」往往被看作機構成長、變革和再生最重要的關鍵因素之一。然而遺憾的是，領導力注定是短缺資源。正因為這種短

缺，使許多公司、企業、團體、組織，甚至國家都難以適應當今全球競爭加劇的時代。不少組織的現有領導人只注重短期效益，而對長期效益的獲得規劃不足，而領導力的培養是注重長期效益的。在短期效益的壓力下，這些部門自然把培養具有領導力的人才放在第二位。在這種情況下，即使有了培育機制和程序，也會流於形式。如果我們胸有大志，就應該注意培養和鍛鍊自己的領導才能，不要急於求成，只要準備充分，機遇自然會來到。

哲人：天生我材必有用—才智卓越的北大名人

散文名家朱自清

孟子曰：富貴不能淫，貧賤不能移，威武不能屈。在命運的顛沛中，很容易看出一個人的氣節。「英雄生死路，卻似壯遊時」，抽象的是氣節的昇華。中國文化經過世代培育、弘揚、傳承的氣節和信念，是數千年來支撐中華民族生生不息、弱而復強、衰而復興的靈魂和脊梁。朱自清至死不食美援麵粉，堅持到生命的最終，這是一種高尚的、可貴的氣節。我們普通人只要能做到在工作中堅守職業道德，在富貴榮華的誘惑下不動心志，在狂風暴雨的襲擊時堅定信念，對世界、對人生抱有正確、深刻的認知和理解，也是一種氣節。

在彌留之際，朱自清（西元1898～1948年）仍然以微弱的聲音再一次囑咐家人：「有件事要記住……我是在拒絕美國麵粉的檔案上簽過名的……我們家以後不要買國民黨配給的美國麵粉！」西元1948年8月12日，朱自清因患嚴重的胃潰瘍導致胃穿孔，不幸逝世，年僅50歲。臨終前，朱自清斷斷續續地說了這句話。朱自清在拒絕書上簽名前體重已下降到77.6斤，迫切需要營養和治療，但他仍舊拒絕這種「收買靈魂」的施捨，表現了一位中華民族優秀知識分子的尊嚴和氣節。

朱自清原名朱自華，西元1916年憑藉多年的苦讀考入北京大學預科班。隔年，他又成功轉入北大正式學籍，主攻哲學。為了勉勵自己在困境中不喪志、不灰心、保持清白，便取《楚辭・卜居》「寧廉潔正直以自清嚴」中「自清」二字，改名「朱自清」。朱自清學習哲學的同時還迷上了佛學書。當時佛經一類的書多在西城臥佛寺鷲峰寺一帶，他曾在一個陰

沉的秋天下午到寺裡面買了《因明入正理論疏》、《百法明門論疏》、《翻譯名義集》等書。通往寺廟的路上就朱自清一人，後來他在文章中回憶時還說：「這股傻勁回味起來頗有意思。」

朱自清在校期間，恰逢新舊文化激烈交鋒時期，他積極參加了「五四」愛國運動，成為其中追求進步的學生之一。隨後他又參加北大學生為傳播新思想而創立的平民教育演講團，在假期裡四處奔波。作為新文學運動初期的詩人之一，朱自清於西元1919年底開始發表詩歌，出版了他的首部詩集《睡吧，小小的人》。他很快以清新明快的詩作，在詩壇上顯出自己的特色。朱自清參加新文學運動，成為文學研究會的早期會員。此外，還參與發起新文學史上第一個詩歌團體「中國新詩社」和創辦第一個詩歌雜誌《詩》月刊等工作，支持由青年學生組成的湖畔詩社及晨光文學社的活動，為開拓新詩的道路付出了辛勤的勞動。

西元1920年，是朱自清在大學最後一年。一次，他到琉璃廠去逛書店，在華洋書莊見到一部新版的《韋伯字典》，定價要14元。當時一個北大的學生，一個月的夥食費也就是3塊錢。朱自清手頭沒這麼多錢，可書又實在捨不得，思來想去，就把自己的一件皮大氅當了個書價，把那本《韋伯字典》抱了回來。這份毅力真是難得，現在的學生正好顛倒過來，把學習的錢用來吃喝玩樂。

朱自清大學畢業後，先後在浙江、江蘇的多所中學任教。他在杭州第一師範教書時的情形，被他的學生魏金枝記下：他那時是矮矮胖胖的身體，方方正正的臉，配上一件青布大褂，一個平頂頭，完全像個鄉下土包子。講的是揚州官話，聽來不甚好懂，但從上講臺起，便總不斷地講到下課為止。好像他在未上講臺前，早已將一大堆話，背誦過多少

次。又生怕把一分一秒的時間荒廢，所以總是結結巴巴地講。然而由於他的略微口吃，那些預備好了的話，便不免在喉嚨裡擠住。於是他更加著急，每每弄得滿頭大汗一到學生發問，他就不免慌張起來，一面紅臉，一面急巴巴地作答，一直要到問題完全解決，才得平舒下來。

另一個學生回憶道：他一手拿著講稿，一手拿著塊疊起的白手帕，一面講，一面看講稿，一面用手帕擦鼻子上的汗珠。朱自清講課時的神色總是不很鎮定，面上總是泛著紅。他講的大多援引別人的意見，或是詳細地敘述一個新作家的思想與風格。他極少說他自己的意見；偶爾說及，也是一帶而過的，但說不上幾句，他就好像覺得自己已經越出了範圍，極不妥當，趕快停下。於是連連用他那疊起的白手帕抹汗珠。這一點倒是很合常理，在大庭廣眾之下演講，不鍛鍊幾個月，都是很緊張的。我們也可以看出，大師也是一步一個腳印成長起來的。

西元1921年除夕，葉聖陶與朱自清兩個人聚在一起，兩個人交換著探討著文學，促膝長談，還點起兩支白蠟燭。隨後，朱自清寫了只有三行的〈除夕〉：「除夜的兩支搖搖的白蠟燭光裡，我眼睜睜瞅著，1921年輕輕地踅過去了。」朱自清在江南一待就是數年，這期間，朱自清寫了他的名篇〈槳聲燈影裡的秦淮河〉。

西元1925年，朱自清被聘為清華大學中文系教授。朱自清在清華大學講課時，已經遊刃有餘了。他以認真嚴謹而著稱，上課時總是帶著一沓卡片，他要求學生按時交作業，並安排不定時的考試。朱自清對教學十分認真，他對學生作業格式有具體規定：作業本第一頁要空下來，把一學期作文題目依次寫下，並註明起訖頁數，以便查閱。

來到北京後，睹物思人，朱自清寫下了他的散文名篇〈背影〉。透

過樸素真切的語言,表現了父親的一片愛子之心和兒子對父親的感念之情。這篇散文在中國現代散文史上有著崇高的地位。朱自清曾說:「我寫〈背影〉,就因為文中所引的父親的來信裡的那句話。當時讀了父親的信,真的淚如泉湧。我父親待我的許多好處,特別是〈背影〉裡所敘的那一回,想起來跟在眼前一般無二。我這篇文只是寫實……」

大學校園的氛圍適合做學問,朱自清、浦江清等相約在每週三下午2至5時,在清華園中文系會議室,把《歷代詩話》和《歷代詩話續編》分人剪貼,另設總論及雜類,均按羅馬字母排列,半年後完成剪貼《詩話大系稿本》。朱自清治學上從不濫竽充數。有一次他應鄭振鐸邀請,一個晚上趕寫了一篇〈論逼真與如畫〉,其材料依據《佩文韻府》,因來不及檢查原書,就在文章後面寫明是「抄《佩文韻府》」。鄭振鐸收到文章後,大受感動,非常敬佩朱自清的敬業精神,也佩服他的為人。朱自清寫作時,喜以筆尖沾紙,速度不快,往往要細心斟酌後才寫下,所以寫下後無需多加刪減,即成佳作。在清華大學時,他每天只能寫500字,還反覆推敲文字;而現在一天能寫數萬字的教授比比皆是。治學嚴謹是那個時代教授們的普遍特徵,有時為了一個字或者一句話都要查遍數據,苦苦思索。當今的教授很少有這種吃苦精神的,這也是現在缺少大師的重要原因。

雖然朱自清做了大學教授,但是生活上並沒有富裕,依舊是縮衣節食。有一年北京的冬天非常冷,朱自清沒有多餘的錢縫製棉袍,便到街上去買了一件馬伕用的氈披風。這種披風有兩種,一種式樣較好且細毛柔軟,但價貴,朱自清買不起,便買了一種粗糙但便宜點的。這件氈披風即使窮學生也很少有穿的,由於太過顯眼,反倒成了教授生活清貧的

象徵，以致後來多次出現在回憶朱自清文章中。這件披風白天為朱自清進城上課攔擋了風寒，晚間又鋪下當褥子，說起來頗叫人嘆息。此時，再想想當年那件當出後無力贖回的皮大氅，更讓人感到朱自清痴迷於讀書的程度，也為他這樣的貧寒生活感到心酸。

西元1927年，中國處於一片黑暗之中。朱自清在欣賞荷塘月色的淡淡喜悅之中，夾雜著不滿黑暗現實但無法超脫的哀愁。這正是那個黑暗時代在作者心靈上的折射。懷著這種孤獨苦悶的心情，他寫下了〈荷塘月色〉。關於〈荷塘月色〉，還有一個鮮人知曉的故事。這篇散文裡有一句：「這時最熱鬧的，要數樹上的蟬聲和水裡的蛙聲」。後來有人寫信提意見給他，說蟬晚上是不叫的。朱自清隨後詢問了好幾個人，大家都說是不叫的。他又請教昆蟲學家劉崇樂教授，劉教授抄了一段書給他看。上面說蟬一般夜裡不叫，但也有叫的時候，該書的作者就親耳聽過月夜蟬鳴。但朱自清仍認為這也許只是一種例外，所以非但沒有用專家所提供的材料去反駁對方，反而回信說：「以後再版，要刪掉月夜蟬聲那句子。」後來朱自清又不止一次聽到月夜蟬鳴，而那位提意見者又在一個刊物上公開發表文章，引經據典地強調自己的觀點。朱自清想給他寫信又無地址，只好也寫了〈關於「月夜蟬聲」〉的短文，說明有時蟬確實是在夜裡叫的。

在抗日戰爭的艱苦歲月裡，朱自清隨清華大學南下，任西南聯合大學中國文學系主任。朱自清在西南聯大教書時對學生熱情鼓勵，但並不輕易稱許，往往為一個問題會與學生爭得不可開交。他曾風趣地對學生說：「你們不易說服我，我也不易說服你們，甚至我連我的太太也說不服，雖然民主的精神在於說服。」在西南大學這個環境中，先生與先生，

學生與先生、同學與同學，遇見了都是講某個雜誌上有某篇文章，看過了沒有？如都看過兩個人就討論起來，如一方沒有看過，看過的就說這篇有什麼好處，建議對方去看。聯大的課堂氣氛也很好，朱自清的課堂就很輕鬆、活潑，常和學生互相開個小玩笑。

後來國民黨政府發動了內戰，1946 年 7 月，朱自清的好友李公樸、聞一多的先後遇害，這使他異常震動和悲憤。朱自清不顧個人安危，出席在成都舉行的李、聞慘案追悼大會，並報告聞一多生平事蹟，號召群眾為了實現民主繼續努力。10 月，朱自清隨學校從四川回到北平。經過漫長曲折的道路，在黑暗現實的教育和愛國民主運動的推動下，他的態度有了顯著的改變。他成為堅定的革命民主主義戰士，反對內戰，討厭國民黨。

西元 1948 年 7 月，嚴重的通貨膨脹，法定貨幣時時刻刻在貶值，買一包紙菸要幾萬塊錢。教授的薪水月月在漲，但貨幣貶值更快，物價漲得更快，原來生活比較優越的教授們，此時也和一般人一樣難以生活下去。特別是家中人口眾多的教授，生活更為困難。國民政府也知道人民的怨恨，特別是高等學校知識分子。於是便發了一種配購證，可以用較低的價格買到「美援的麵粉」。然而這個時候，美國政府又積極扶助日本，一面是嗟來之食；另一面是扶植日本。

北京的一些著名教授商量了一下，決定要揭穿國民黨政府的陰謀，抗議美國政府的侮辱，聯合發表一個公開宣告：為反對美國政府的扶日政策，為表示中國人民的尊嚴和氣節，我們斷然拒絕美國具有收買靈魂性質的一切施捨物資，無論是購買的或給與的。下列同仁同意拒絕購買美援平價麵粉，一致退還購物證，特此宣告！

歷史學家吳晗親自負責這件事，他拿著稿子來找朱自清簽名。當時，朱自清的胃病已很重了，只能吃很少的東西，多吃一點就要吐，且面龐瘦削，說話聲音低沉。因為物價飛漲，他的薪水僅夠買三袋麵粉，全家十二口人吃都不夠，哪有錢去治病呢？他的日子過得比誰都困難。吳晗展開摺疊的大紙，只見抬頭有一行醒目的大字：抗議美國扶日政策並拒絕領美援麵粉。朱自清只著了一眼，便用顫抖的手拿起筆來，毫不遲疑地簽了他的名字。

此前，在反對美國、反對國民黨的一些宣言、通電、宣告等的鬥爭中，總是能看到朱自清的簽名。這次，吳晗也曾找了另外一些大教授，都是平時比較熟的或是住在附近的，大多數簽了名，但也碰過釘子。有個教授只有3個孩子，但他的答覆很乾脆：「不！我還要活！」吳晗走後，朱自清在日記中寫道：「此事每月須損失六百萬法幣，影響家中甚大，但余決定簽名，因余等既反美扶日，自應直接由己身做起。」

在生命的最後期間，他依稀看到了勝利的曙光。正如他在〈荷塘月色〉中說的「微風過處，送來縷縷清香，彷彿遠處高樓上渺茫的歌聲似的。……葉子底下是脈脈的流水，遮住了，不能見一些顏色；而葉子卻更見風致了。」

朱自清的散文，清澈雋永，他的氣節正如他的散文風格。眾所周知，他的言行體現的是對國家和民族的忠誠，實屬難得。在職場的競爭法則當中，忠誠也是一個不可缺少的規則。面對職場的明潮暗湧，想要在這個變幻莫測的職場裡求得生存和發展，我們就要懂得用忠誠的態度去對待自己的工作和自己的上司。一位有職場氣節的員工都應該有一個共同的特點：忠於自己的工作，對工作兢兢業業；忠於自己的上司，不

計較個人的得失。忠誠是工作的需求，也是上司的需求，但更是自己的需求。我們必須忠誠才能立足於職場，忠誠不是一種純粹的付出，忠誠也會有回報，我們也會是忠誠的最大受益者。

哲人：天生我材必有用—才智卓越的北大名人

● 蔣夢麟笑說北大「功狗」

萬物的和平在於秩序的平衡，秩序就是把平等和不平等的事物安排在各自適當的位置上。這個秩序是指一種公共的秩序，按一個民族的傳統思維排列的秩序，以及相伴的人生態度。我們常說尊老愛幼，就是一種秩序，一種態度。如果排隊可以允許隨意加塞，那麼這個隊就排不成，排在後面的人，永遠也到不了前面，秩序也就沒有了。蔣夢麟在北大多年，對北大的功績還是可圈可點的，他最大的貢獻就是給予北大一種秩序。

在北大52週年紀念大會上，傅斯年演講說，「蔣夢麟（西元1886～1964年）的學問比不上蔡元培先生，辦事卻比蔡先生高明；我的學問比不上胡適之先生，但我辦事卻比胡適高明。」最後傅斯年笑著點評蔡、胡兩位校長說：「這兩位先生的辦事能力，真不敢恭維。」傅斯年走下來後，蔣夢麟笑著對他說：「孟真（傅字孟真），你這話對極了。所以他們兩位是北大的功臣，我們兩個人不過是北大的功狗。」說完，蔣夢麟拉著傅斯年的手笑著走開了，這真是妙不可言的比喻。

蔣夢麟出生在浙江餘姚蔣村的一個小康之家。自幼在舊式家塾中啟蒙，為科舉考試做準備。不過，他的父親慧眼辨天下，覺得家塾的教育有點跟不上形勢了，就把他送到離村約40里的紹興府，進了中西學堂。這一年蔣夢麟才11歲。蔣夢麟學習了自然科學知識和數學等科目，了解了西方國家先進的教育體系。蔣夢麟入學第二年的秋天，他遇到對他一生有重要影響的人──蔡元培。此時，蔡元培剛好辭去了翰林院編修的

蔣夢麟笑說北大「功狗」

官職,回到故鄉紹興,應知府之邀出任中西學堂監督(相當於校長),兩個人就這樣開始了師生緣分。蔣夢麟後來回憶初見蔡元培的場景:「一個秋月當空的晚上,在紹興中西學堂的花廳裡,佳賓會集,杯盤交錯。忽地有一位文質彬彬、身材短小、儒雅風流、韶華三十餘的才子,在席間高舉了酒杯,大聲道:『康有為,梁啟超,變法不徹底,哼!我!⋯⋯』大家一陣大笑,掌聲如雨打芭蕉。」這個人就是蔡元培,這個形象一直在蔣夢麟的腦海中,幾十年後仍然歷歷在目。

西元 1905 年 9 月,大清王朝已經走向末路,有著 1,300 年歷史的科舉制度被廢除。此時蔣夢麟也看清了「西化的潮流已經無法抗拒」的趨勢,於是在西元 1908 年自費去了美國,先後在加州大學和哥倫比亞大學求學,主修教育,最後獲得博士學位。在美國留學的 9 年裡,蔣夢麟深刻體會到「對本國文化的了解愈深,對西方文化的了解愈易」。這種思想反映在他日後在北大的學科布局。在哥大期間,蔣夢麟遇到一生的好友 —— 胡適,他們都師從美國著名的哲學家、教育學家杜威(John Dewey)。蔣夢麟與胡適私交甚篤,在後來蔣夢麟主政北大期間,胡適一直是他的重要合作者。

蔣夢麟在北大的功業,是從西元 1919 年「五四運動」之後代蔡元培任校長開始的。蔡元培因「五四運動」而欲辭北大校長之職南下。北大陷於群龍無首之際,北大的校務委託胡適等人負責主持。胡適在內外夾攻中疲於應付,恰在此時,蔣夢麟作為蔡元培的助理來到北大解了圍。初上臺的蔣夢麟很低調,也很謙虛。一次出席教職員會議時說,他只是蔡先生派來按印子的,一切仍由各位主持。

然而,就是這個「按印子」的人,從西元 1919 年到 1926 年三度代

行校長職權,且長期擔任總務長,實際主持校務工作,是蔡元培的得力助手。自「五四運動」後有些被動的蔡元培,主張「組成健全的教授會,使學校絕不因校長一人的去留而起恐慌」。本著蔡元培「教授治校」的構想,蔣夢麟具體實施著建立新的行政組織,其中評議會為北大首創。評議會會員由教授互選而產生,目的是讓教授有參與學校管理的機會。

蔣夢麟代理北大校務期間,十分重視中西結合,文理貫通。要求入外文系者須有國文功底;入國文系者需有外文成績。把「科學概論」作為所有文學院一年級學生的必修課,理科各系則把國文作為一年級學生的必修課。協助掌校期間他還落實了「選科制」改革——允許學生在規定範圍內自由選擇,修夠學分即可畢業,不拘年限。

北大在此項改革上也可算是開「風氣之先」。後來,北洋政府頒布新學制,明確規定大學採用這種制度。在這一點上,北洋政府對中國的大學教育的確是有貢獻的。「選課制」激發了學生們的學習熱情。「轉系很容易,寫申請書,系主任同意就可以。一年級讀普通課,學分都承認,所以轉就比較容易。」一位當年的北大學生這樣回憶說。這種靈活的選科方式,對於培養學生的學習興趣和選擇終身的職業大有裨益。蔣夢麟的美國導師杜威倡導的教育理念強調個性的發展,這一點在蔣夢麟身上體現的淋漓盡致。北大新學制的制定,是杜威教育理論當年在中國廣泛傳播的直接影響之一。

蔣夢麟接手北大時,學校財務十分困難。蔣夢麟曾在北京大學全體大會上說:「本校最困難的問題,是校款不能按期領到。因經費不按時來,實行預算甚為困難。移甲補乙,移乙補丙⋯⋯去年有一個建築公司,我們欠他一筆鉅款,屢次向我們來討,每天來一次。到了中秋節,

我就逃到西山去，不敢見他們。」北大成立 25 週年紀念日時，北大學生籌備大慶，蔣夢麟因北大校方囊中羞澀，不得不寫信給學生潑冷水：「政府視教育如無物，經費積欠已九月餘，學校勢將破產。機關之日常生活，尚虞不給；教職員勉力維持，已久苦枵腹；慶祝事項，在在需款，將從何出？」

由於經費拮据，學校經常拖欠教師的薪資，為了養家，這些名教授們往往四處兼課，補貼家用。蔡元培曾經倡導的評議會，此時在某種程度上也已成了借民主謀私利的地方。為了自己的「飯碗」穩定，評議會曾通過一個決議案，規定「辭退教授需經評議會通過」。這就相當於為自己不被辭退上了一道護身符。目睹了評議會建立、發展、蛻變的蔣夢麟對原有的教授評議體製作了調整。蔣夢麟曾這樣說：「我在大學中搞了幾十年，經過許多風潮，發現了一個規律：一個大學中有三派勢力，一派是校長，一派是教授，一派是學生，在這三派勢力中，如果有兩派聯合起來反對第三派，第三派必然要失敗。」所以，蔣夢麟在北大非常注意平衡各方面的力量，絕不給任何兩派聯合起來的機會，以保持公平、公正。

最大的變化在於，把學術和事務劃分開來，強調層層分工，各司其職，校長的許可權有所增強。他明確提出「教授治學，學生求學，職員治事，校長治校」的方針。他曾經一手創辦的評議會被取消，改設校務會議為學校最高權力機關。針對教授兼職過多的現象，他實行教授專任制度，提高專任教授待遇，規定在他校兼課者薪水較專任者少，兼課時數較多者，則改為講師。同時改變過去教授第二年續聘後無任期限制的辦法，規定新教授初聘訂約一年，續聘訂約二年。

在這段時間，一批舊教授離開了北大，如著名史學家、時任北大歷

史系主任的朱希祖，國文系教授林損、許之衡等被解聘。林損的被解聘當時鬧得沸沸揚揚，林損寫信大罵蔣夢麟和胡適，後來還把此事張揚到媒體，成為北大的一段「公案」。從「教授治校」到「校長治校」，再加上辭舊聘新，打破終身教授，蔣夢麟被一些北大教授批評為「門戶之見」，甚至「獨裁」。蔣夢麟重掌北大，確實是把校長的權力用得淋漓盡致，但他受過西方民主訓練，骨子裡有民主意識。正是這原因，雖然是校長治校，但沒有走向校長獨裁，他建立的是一個有效率的行政體制。

蔣夢麟公事公辦，不徇私情，私下裡卻十分風趣幽默，而且很謙虛。初到北大時因為與陳獨秀脾氣極相投，兩個人走動的很頻繁。蔣夢麟常對陳獨秀說：「我們兩個人，有一個相同的習慣，在參加筵席宴會的時候，一坐下來，我們總愛把冷盤或第一、二道菜盡量地吃，等到好菜來時，我們吃飽了，所以大家說笑話，稱我們這兩個急性子『同病相憐』。」

蔣夢麟是秀才，陳獨秀也是秀才。清朝時秀才有兩種，一種是考八股時進的秀才，稱為八股秀才；後來八股廢掉了，改考策論，這一種便稱為策論秀才。這種秀才已經有幾分洋氣了，沒有八股秀才值錢。有一次陳獨秀問蔣夢麟：「唉！你這個秀才是什麼秀才？」

「我這個秀才是策論秀才。」蔣夢麟老實的回答。陳獨秀說：「那你這個秀才不值錢，我是考八股時進的八股秀才。」蔣就向陳作了一個揖，說：「失敬，失敬。你是先輩老先生，的確你這個八股秀才比我這個策論秀才值錢。」

在蔣夢麟的努力下，蔡元培提倡的「學術自由、相容並包」之風在北大得以傳承並發揚光大。西元1930年，蔣夢麟受蔣介石之聘，再次回到

北大擔任校長。經過軍閥連年混戰的摧殘，此時的北大已經是一個「爛攤子」。在他的努力下，北大又漸漸恢復了昔日的神采。北大的新氣象出來了，建了新圖書館，新宿舍。在中華文化教育基金會的經費支持下，蔣夢麟得以聘請最好的教授。蔣夢麟一貫不主張學生參加政治運動，認為這是「中國的成年人和老人不肯出來負責任的必然結果」，而「未成年的一代人應該有安心求學的權力」。在蔣夢麟擔任校長的7年裡，北大只發生過一次值得記載的學生運動。蔣夢麟和他的團隊牢牢抓著北大的航向，為後來的西南聯大，為後來的北大輝煌，奠定了非常重要的基礎。

「九一八」事變後，日寇步步進逼，向長城以內推進，占領了河北北部，成立偽「自治政府」，並鼓吹推行華北「自治」。在這一緊急關頭，北大教授聯名發表宣言，誓死反對所謂的華北「自治運動」，北大校長蔣夢麟也是簽名者之一。一天下午，日軍要蔣夢麟去軍部「談談」，他雖深知其中的危險，但毅然獨自前往日本兵營。蔣夢麟在回憶錄《西潮》中以生動的筆觸記下了這樣一番對話：「我不是怕，如果我真的怕，我也不會單獨到這裡來了。如果你們要強迫我去，那就請便吧——我已經在你們掌握之中了。不過我勸你們不要強迫我。如果全世界人士，包括東京在內，知道日本軍隊綁架了北京大學的校長，那你們可就要成為笑柄了。」蔣夢麟單刀赴會，能夠如此從容，如此坦然，用他自己的話說就是「臨難毋苟免」。他做到了。這就是北大校長的尊嚴。現在的許多學者，尤其是大學教授，與其空談民族「尊嚴」這個詞彙，不如多看看他們的前輩在危難時的表現吧，看看他們在生死攸關的強權面前作出的選擇。從這些經歷中，我們不難看到，任何尊嚴，都離不開有血有肉的獨特的個體生命。一個由許許多多這樣的個體所構造的民族自然也是有尊嚴的。

西元1938年，北大、清華、南開三校集體南移，遷入昆明，正式改名為西南聯大，蔣夢麟以北大校長身分任西南聯大常委。三校合併之初在人員配置，科系設定上也有摩擦。最初較嚴重的是北大和清華之間的摩擦，凡是遇到與清華爭利益時，蔣夢麟總是選擇退讓。蔣夢麟在西南聯大時的不爭，成就了西南聯大。蔣夢麟的不爭，更多的是因為知識分子的顧全大局而不是性格所致。

蔣夢麟在聯大的無為，最終招致很多北大教授的不滿，在某種程度上也導致了他最後被排擠出北大。西元1944年，北大內部開始了一場「倒蔣舉胡」的風潮，蔣夢麟的老友傅斯年、周炳琳也是「倒蔣」的一分子，他們希望請尚在美國的胡適回來當校長。因為此時蔣夢麟兼任了行政院祕書長，這違背了《大學組織法》中大學校長不得兼任政府官員的規定。不久，蔣夢麟正式辭去北京大學校長，同時退出西南聯大。

蔣夢麟無論是在1920年代代理北大校長，當北大總務長，還是30年代正式就任北大校長，其實都沒有過上幾天安穩日子。20年代北大在北洋政府腐敗的政治漩渦中掙扎，學潮、欠薪、政府對教育的干涉等，都要北大校長出頭去應對協調。多數情況下，矛盾雙方形似水火，鬥爭尖銳激烈。30年代初期的北大，更是經過張作霖奉系軍閥和南京政府反覆折磨過的爛攤子，蔣夢麟臨亂受命，勉力恢復，實在是功不可沒。也可以這樣說，沒有蔣夢麟的力挽狂瀾，北大說不定早已淪為二流學校了。

蔣夢麟給予了北大一種秩序，隨著時間的推移，秩序變成了制度，制度又演變成傳統，傳統又演變成一種精神力量。同樣道理，秩序會使我們每天頭腦清醒，心情舒暢，形成自己特有的風格和魅力。秩序是可

蔣夢麟笑說北大「功狗」

以突破的，也是可以重新組建的。我們要為自己的人生負責任，我們的個性很多時候要向職場的自由和制度做妥協，這種妥協並不是壞事，是我們開始適應集體的秩序。我們每天下班前整理好辦公桌，定期清理電腦中的文件和電子郵件都是必要的。光是看見桌上堆滿了報告、備忘錄和要回的客戶電話就已足以讓我們產生混亂、緊張和憂慮的情緒。給自己建立一套職場秩序，我們事業的成功與否也與秩序有直接關係。一個個從容的工作日，就決定了我們的工作效率和職業前景。

文化雜家周作人

　　性格是在一個人的生理素養基礎上，在社會實踐中逐漸形成、發展和變化的。剛強、懦弱、果斷、猶豫等，都是人的性格組成部分。一個人成長過程中的經歷極有可能影響這個人一生的處世之道。性格與做人立世的辯證關係連結緊密的，在大是大非面前，能夠堅守道德底線不僅需要智慧，也需要性格的支撐。周作人從紹興離開後，就一直在哥哥魯迅的庇護下成長，魯迅往往以兄長名義指導他、斥責他，這種習慣甚至在周作人已顯赫成名時，仍未更改。周作人的學識甚至一度被認為超過魯迅，竟一朝失節，將自己放在民族氣節缺失的眾人鞭撻中，是他最大的悲哀。

　　周作人（西元1885～1967年）家裡有個負責採購糧油米麵的傭人，可惜，這個傭人手腳不太乾淨，常常假公濟私，揩點油水。如果只拿個一星半點也不要緊，這個傭人的膽子卻大到極致，買回來的成袋稻米都敢偷偷地搬到自己家裡食用。當時還流行銀元交易，但是要把銀元換成銅板才方便使用，時價是1銀元換銅板460個。有一次周作人與同事聊天談及銀價，他堅持認為時價是換200個銅板，並說是他的家人一向就這樣給他兌換的。眾人於是笑說他受了騙。周作人十分氣惱，回家一問，僕人還是嘴硬，堅持說只能兌200個銅板。周作人說不服他，猶豫了好幾天，最後鼓起勇氣，把下人請來，委婉和氣地說：「因為家道不濟，沒有許多事做，希望你另謀高就吧。」傭人占便宜已經成習慣了，他死活不走，忽然跪倒在地哀求，周作人大驚，防線頃刻崩潰，自己就

妥協了，趕緊上前扶起他，說：「剛才的話算沒說，不要在意。」這個傭人又留下來繼續在周府做事了。從這一事上，可以看出，周作人的處事風格有點迂腐，同情心太盛，性格又有些軟弱，竟然作出原諒「狼」的舉動。

又有一次，一個北大學生窮得沒辦法，找他幫忙謀個職業。恰逢周作人屋裡有客，傭人便擋了駕。學生疑惑周在迴避推託，便站在門口耍起無賴來，張口大罵，聲音高得足以讓裡屋也聽得清清楚楚。這要是換成黃侃，早就提著棒子殺出來了，哪輪得到這廝如此放肆，周作人竟然忍氣吞聲。誰也沒想到，過了三五天，那學生竟意外從周處得到了一份工作。有人問周作人，他這樣大罵你，你反而還幫他，是何道理？他說，到別人門口罵人，這是多麼為難的事，可見他境況確實不好，太值得同情了。

這就是周作人的古怪想法，他文章雖然寫的好，社會交往能力卻差到極點。這也難怪，他自從離開家鄉，就一直在哥哥周樹人（魯迅）的幫助下，什麼事都不用自己操心，也就沒養成處理複雜事物的能力。周作人大概是將滿腹學問都注入筆端了，在性格上就比較樸實、善良，因此也就經常被惡人利用。他的善良最終也導致他的不幸，這不能不說是他性格上的缺陷。

在北京大學，周作人是以態度溫和而出名的，總是一副慈眉善目的樣子。他對於來訪者也是一律不拒，客氣接待，與來客對坐椅上，不慌不忙，細聲微笑地說話，幾乎沒有人見過他橫眉豎目，高聲喝斥。他不僅有儒者的寬容，且有儒者的細緻嚴謹。周作人在北大當教授，一當就是 20 年。他講起課來很不善言辭，走上講臺時常常手足無措，很長時間

才站定,然後把兩手分別插入棉袍的口袋裡才慢慢講下去,吞吞吐吐,還不時的接不上話,有短暫的冷場。為此,周作人曾謙虛地說,他並非文人,更不是學者,學無專門,他的工作只是打雜、砍柴、打水、掃地一類。

周作人是西元1911年從日本留學回國的,與他同時回國的還有他的日本老婆。1917年,周作人到北京大學附屬國史編纂處就職,半年後出任北京大學文學院教授,擔任希臘羅馬文學史、歐洲文學史、近代散文、佛教文學等課程,並創辦北京大學東方語言文學系,出任該系首任主任。西元1919年起任中華民國教育部國語統一籌備會會員,與馬幼漁(馬裕藻)、朱希祖、錢玄同、劉復、胡適5位北大教員兼國語會會員,在會上聯名提出《請頒行新式標點符號議案》,經大會通過後頒行全國。

西元1919年11月21日,魯迅與周作人遷至北京西直門內八道灣11號的新宅。同年12月,魯迅專程回紹興,將母親與妻子朱安以及周作人一家老小接來北京,新宅頓時熱鬧了起來。然而這個大家庭的和睦氣氛僅持續了三年多的時間就結束了。

西元1923年7月,魯迅與周作人突然鬧翻了。周作人和魯迅是同胞兄弟,兄弟倆從小一起玩耍學習,非常親密融洽。魯迅是長兄,肩負起照顧弟弟的重任,除了生活上處處照顧周作人,還要幫忙看稿、修改、抄錄。周作人自己說:「我在北大教書的講義,給《新青年》翻譯的小說,也是如此,他總叫起草了先給他看一看,又說你要去上課,晚上我給你抄了吧。」可就是這樣的一對骨肉親兄弟,最後卻鬧到徹底決絕的地步。關於兄弟倆反目的原因,眾說紛紜,魯迅留下了含混其詞的隻言片語,周作人也不做過多解釋。在兩人形同陌路的背後,他們的內心又經歷了

怎樣的情感折磨，無處得知。我們也不必去理會他們的這些家務事吧！就從這一年往後，兩個人很少敘話，也不再同時出現在一張照片上。現存的兩張兄弟兩人在西元1923年以後的合影，也不過是魯迅與周作人參加公開活動時的集體合影，照片上兩個人還離得遠遠的。

周作人雖然與哥哥關係不好，但是與錢玄同、劉半農卻是終身不渝的好友。從表面上看，三人性格頗不相同：錢玄同偏激，劉半農活潑，周作人則平和；但在內質上卻有更多的相通。如周作人所說，錢玄同儘管言詞偏激，論古嚴格，「若是和他商量現實問題，卻又是最通人情世故，了解事情的中道之人。」周作人與錢玄同兩個人常常待在一起，可以說是無話不談，錢玄同為人很率直，思想也很高深，深得周作人的賞識。每次見面，周作人總是坐在一旁聽錢玄同講。錢玄同也願意講，兩個人一起喝茶時，大部分話題圍繞最近看了什麼書。錢玄同看的書很雜，周作人看的很多書是他推薦的，他的很多觀點也大多是受到錢玄同的啟發。與劉半農在一起時，也多半是劉半農說，周作人聽。當這三個人湊在一起時，往往也是一臺精彩絕倫的大戲，各有妙論。

周作人治學，在成就上雖沒有像胡適那樣讚美聲響徹雲霄的大作，卻也有數十本大可一觀的東西。只要翻《夜讀抄》、《知堂回想錄》之類看看，就可知道周作人平生所學之廣和深了。粗略統計一下，中國典籍、外國小說、希臘神話、神話學、文化人類學、生物學、兒童文學、性心理學、醫學史和妖術史、鄉土研究和民藝（民俗學）、俗劇與玩具（包括民謠和兒謠）、佛經，都是他涉獵和研究的對象，稱他為「雜家」一點不為過。周作人精通日語、古希臘語、英語，並曾自學古英語、世界語。他清新淡雅、如話家常的白話散文，洋溢著深厚的中國、東洋、西洋古

哲人：天生我材必有用─才智卓越的北大名人

　　典與近現代文化素養，在新文化運動中他更發表了影響深遠的〈人的文學〉、〈平民文學〉、〈思想革命〉等啟蒙主義理論文章。從思想上說，周作人自己就說過：「我自己承認是屬於儒家思想的。」當然，他對儒家思想的內容自有自己的解說。周作人生平最推崇蔡元培和錢玄同，認為二人可當現代思想革命的典範。從此可看出周作人為人的「知」和「行」的標準了。周作人的散文繼承了《詩經》、六朝和晚明文學的內蘊，充滿著平淡如水、自然如風的語言色彩，其恬淡平和的散文風格展現出空靈的人生境界，可說是中國散文的一個高峰。

　　周作人名氣大，他的弟子也有名，朱自清、俞平伯、廢名（馮文炳）這三位弟子號稱「京兆布衣三大弟子」，均以散文、小品文著名。朱以〈背影〉名噪文壇；俞以《紅樓夢》研究成家；廢名是小說《桃園》作者。三弟子深得周作人的真傳，行文均與其師極為相像。

　　西元1937年盧溝橋事變後，北京大學撤離北平。周作人沒有同行，成為四名「留平教授」之一（另外3位留守的教授是孟森、馬幼漁、馮祖荀），他受校長蔣夢麟的委託看守校產。就是因為這一次留守，周作人一生都背負了漢奸的罵名。周作人本想在日本人的統治下保持清白，卻因為幾件意外之事被迫捲入與日軍的合作中，越掙扎陷得越深。

　　西元1939年元旦，一個自稱姓李的學生求見周作人，突然開槍將他擊倒，子彈射中他衣服上的銅釦，周作人受輕傷，兇手逃逸。有關槍擊案的殺手來自何處一直眾說紛紜。周作人始終堅持是日本軍方的陰謀，日方則說是國民黨特務所為。戰後有人在美國撰文，自稱是當年刺殺周的學生，不滿周的親日行止而下手。時過境遷，也沒人對這篇文章的真實與否作出回應。

實際上，以時間點來說，周作人當時並沒有出任日本人的任何行政職務，他先是應胡適主持的文化基金編譯委員會委託，在家裡翻譯英文和古希臘文稿件，直到文化基金編譯委員會輾轉搬到香港終止了翻譯工作。西元1938年9月起至燕京大學（美國基督教背景）國文系每週授課6小時，客座教授職稱。在這個時候，周作人還沒有做對不起國家的事情，國民黨特務完全沒有理由和必要刺殺他。這麼一分析，日本人搞鬼的因素就占了大半。周作人遇刺後日本憲兵很快進駐周作人家，這在客觀上加速了其步入「漢奸」行列的程序。

　　周作人遇刺後不久，就接受了汪精衛南京政府國立北京大學圖書館館長的聘書。西元1939年3月，周作人兼任北京大學文學院籌辦員，開學後兼任北大文學院院長。這就導致日後沈兼士多次大罵周作人目睹學生受日軍殺害卻不聞不問的現象。實際上，以周作人的職位和身分怎麼可能勸阻日本人的殘暴行為呢？沈兼士對其不滿，更多的是因為周作人沒有堅持做人的節操，尤其是周作人也算中國傳統文化的繼承人，這樣的行為就更不可原諒了。西元1940年12月19日，汪精衛偽政府派周作人為華北政務委員會委員，並指定其為常務委員兼教育總署督辦。至此，周作人身上算是正式烙下了一生的汙點，成了一個遭人唾罵的漢奸。

　　抗戰結束後，周作人在北京以漢奸罪名被國民政府逮捕，並押解南京受審，監禁於老虎橋監獄。他的朋友、學生紛紛為他開脫求情，他的學生俞平伯還寫了封長信給在美國主持外交的胡適，請求胡適為周說情。周作人也為自己的行為做了辯駁，他提到了蔣夢麟臨走前的委託。北大校長蔣夢麟後來在回憶錄（《西潮》和《新潮》）裡談到：「抗戰的時

候,我曾示意他說,你不要走,你跟日本人關係比較深,不走,可以保存這個學校的一些圖書和設備……法庭問我有沒有這件事?我曾回信證明確有其事。結果如何,因後來我離開南京時很倉促,沒有想到他,所以我也沒有去打聽。」

西元 1946 年 11 月 6 日,高等法院判處周作人 14 年有期徒刑,隔年 12 月 9 日改判 10 年有期徒刑。西元 1949 年 1 月 22 日,李宗仁接任中華民國總統,為國共和談而下令釋放政治犯。周作人也在當年 1 月 26 日被釋放出獄。

解放後,周作人搬回北京八道灣的老房子,專心翻譯和寫作,以稿費維持生計。周作人專事翻譯和寫作,但因被剝奪政治權利,其著作不允許以本名出版。他每天伏案翻譯,翻譯了十幾本書,包括許多古希臘經典作品以及日本著名作品,這也成為他一生最大的成就之一。翻譯期間,周作人唯一的樂趣是偶爾和寥寥無幾並與他一樣潦倒的來訪友人閒扯一通。

文革開始後,周家即遭紅衛兵查封,他本人也遭到皮帶、木棍子毒打。周作人兩次要求服用安眠藥安樂而死,均無回音。西元 1967 年 5 月 6 日,周作人突然發病去世,享年 82 歲。周作人臨終前曾對身邊人說,他一生平平,不足為道,只有晚年的翻譯讓他滿意。

周作人曾在最徬徨無助的西元 1942 年作詩一首,陷於日本人魔爪中的他,似乎預料到了日後的不幸。原詩云:

野老生涯是種園,閒銜煙管立黃昏。豆花未落瓜生蔓,悵望山南大水雲。

周作人沒能堅守最後的陣地,與日本人合作,這和他的軟弱個性

有關，成為一生的遺憾。我們身在職場，表面上大家雖然和氣一團，私下裡也有刀光劍影。有時候是殺人不見血，或者殺人於無形的職場潛規則。比如職場內高層主管的博弈，我們基層員工往往都不知道發生了什麼，一夜之間，高層內部的大換血就完成了。高層主管間的爭鬥是殘酷的，中層、基層員工之間的爭鬥也很多。有一點大家要謹記，職場生存，如果沒有一點狼性，注定會成為別人隨意擺弄的獵物。狼也很想當獸王，但狼知道自己是狼不是老虎。狼知道如何用最小的代價，換取最大的回報。狼尊重每個對手，狼在每次攻擊前都會去了解對手，而不會輕視它，所以狼一生的攻擊很少失誤。狼不會為了嗟來之食而不顧尊嚴的向主人搖頭晃尾，因為狼知道，雖然不可有傲氣，但不可無傲骨。真正的職場生存文化都是值得學習和借鑑的，不知不覺中就改變了我們的軟弱個性。

北大教授季羨林

我們每個人都在拚命地爭取榮譽,希望以此獲得社會的認可。可一旦真的獲得了社會的肯定和追捧,給予高貴的名聲,往往又無所適從。平日裡的一舉一動都暴露在聚光燈下,為了那些所謂的榮譽、身分、頭銜、評價,把自己心甘情願的逼到角落裡,這或許就是人們所說的虛榮吧。可又有誰知道成名後的壓力有多大呢?如果承受不住,這些壓力就會擊垮一個人。只有內心真正強大的人,才會有從容的心態,才不會為名所累,才不屑於逐名逐利。季羨林一生被授予的桂冠實在太多,他卻說,稱「北大教授」就足矣。

有人大聲讚嘆,稱季羨林為「國寶」,季羨林極為驚愕。很快,季羨林所到之處,「國寶」之聲不絕於耳。季羨林很疑惑,「是不是因為中國只有一個季羨林,所以就成為『寶』,……『國寶』桂冠一摘,還了我一個自由自在身。」

季羨林(西元 1911 — 2009 年)一生不為名所累,專心治學,他培養了 6,000 餘名弟子,其中 30 人成為各國駐外大使。作為譽滿世界的學術大師,季羨林卻沒有半點架子和派頭。但是,他卻受到人們的普遍敬仰,提到他的人無不尊敬地說一聲「季老」。季羨林從研究外國古代語言、印度文化、世界文學、歷史等,到現在全世界又有許多人開始研究他,整整一個輪迴。

季羨林是農民的兒子,小時候很頑皮,打架卻很厲害,十里八鄉的罕有敵手。真看不出,瘦弱的季老,當年的拳頭也是很硬的。看來不見

得乖孩子就有出息，一個人要是沒有強悍的個性、沒有頑強的意志很難有出息。季羨林的叔父見他是個人物，就決定送他上學，令其命運有了轉折。但是，季老偏科嚴重，考大學時，數學考卷只考了4分，而且他的第一志願居然是數學系。看來不學數學也沒什麼大不了的，照樣成為聞名世界的大師。可惜啊，季老所處的時代比我們現在學校的要求寬鬆和靈活多了。我們上學期間，被線性代數「殺死」的人不計其數，許多學生至今仍搞不清為什麼要學這些數學。

季羨林終於在西元1930年考入了清華大學西洋文學系，專修德文，期間他發表了散文和譯文多篇。他還經常到北大旁聽著名教授的課，以此來豐富自己的知識體系。據說有一次他在冰心的課堂上旁聽，結果卻被冰心趕出了教室。

季羨林大學畢業後曾經到濟南的一所高中任教。因為當時工作環境比較困難，再加上自己和校長的關係處理得也不是很好，所以就擔心自己的飯碗問題。曾想送禮請客，甚至自己還在屋裡練習怎麼和校長說話，最後發覺自己還是不能夠做到。只好承認自己沒有那方面的才能，又彷彿看到自己手裡的飯碗有點快要失去了，當時的他「真想到什麼地方哭上一場」。看到季老的傷感往事，在想想當今的大學生就業，真有恍如隔世的感覺。能挺過這個人生的難關，戰勝自己才會有日後的輝煌，堅持不過去的，也就「泯然眾人矣」。

西元1935年，風華正茂的季羨林出國留學了。他認為「中國文化受印度文化的影響太大了，我要對中印文化關係徹底研究一下，或能有所發明。」季羨林在哥廷根大學梵文研究所主修印度學，學梵文、巴利文，還選英國語言學、斯拉夫語言學為副系，並加學南斯拉夫文。季羨林師

從著名梵文學者瓦爾德施米特（Ernst Waldschmidt）教授，成為他唯一的學生。一個學期40多堂課，學習了異常複雜的全部梵文文法。他爭分奪秒，致力於讀和寫，先後掌握了梵文、巴利文、佛教混合梵文、吐火羅文等古代語言。在德期間，他發表論文多篇，獲得國際學術界高度評價，奠定了自己在國際印度學界的地位。

在季老的筆下，德國的學術氛圍是那麼濃厚，德國的大學自由也是那麼令人神往。他的老師們，如瓦爾德施米特教授、西克（Emil Sieg）教授等這些人個個治學嚴謹、一絲不苟。「他們的學風都是異常地認真、細緻、謹嚴。他們寫文章，都是再三斟酌，多方討論，然後才發表」。季老選擇的梵文課程，只有他一個學生，可是老師仍然認真嚴肅地講課。在二戰大轟炸中，季老還看到德國飛機製造之父、流體力學權威普蘭特爾（Karl Anton Eugen Prantl）教授，居然在炮火瀰漫中仔細觀察一段短牆，在研究炸彈爆炸引起的氣流是怎樣摧毀短牆的，聽到他在自言自語，「這真是難得的機會！我的流體力學試驗室裡無論如何也裝配不起來的。」還有個地球物理學教授，當飛機轟炸，人們都往地下室跑的時候，他卻急不可待從樓下往樓上跑，要觀察實驗室裡無法看到的「全城震聲沖天，動地山搖」的景象。德國學者們這種忠於科學、願為科學而捨命的精神，讓季羨林肅然起敬。

季羨林回憶說：「德國大學是絕對自由的。只要中學畢業，就可以願意入哪個大學，就入哪個，不懂什麼叫入學考試。入學以後，願意入哪個系，就入哪個；願意改系，隨時可改；願意選多少課，選什麼課，悉聽尊便；學文科的可以選醫學、神學的課；也可以只選一門課，或者選十門八門。上課時，願意上就上，不願意上就走；遲到早退，完全自由。

從來沒有課堂考試。」如此自由而又實事求是的學術生活，怎不令人神而往之。「在德國，是教授說了算，什麼院長、校長、部長都無權干預教授的決定。如果一個學生不想做論文，絕沒有人強迫他。只要自己有錢，可以十年八年地唸下去。不過，德國大學的自由，並不是意味著可以輕易混文憑。有個女學生的論文，被教授當面摔到地上，當然也有因為論文通不過而多讀了幾年的學生。」

德國的大學教育體系，真是讓我們羨慕不已。現今的大學紛紛開展「圈地運動」，只要有錢有關係，要拿個文憑不是什麼難事。許多學校並不重注生源品質和教育品質，這不是百年樹人，只是單純的教育產業經濟化的擴大。學校規模上來了，名氣卻下去了。

西元 1940 年 12 月至 1941 年 2 月，季羨林在論文口考和印度學、斯拉夫語言、英文考試中得到 4 個「優」，獲得博士學位。因歐洲戰事方殷，歸國無路，他就在哥廷根大學漢學研究所擔任教員，同時繼續研究佛教混合梵語，在《哥廷根科學院院刊》發表多篇重要論文。他說，「這是我畢生學術生活的黃金時期，從那以後再沒有過了」。

西元 1945 年，第二次世界大戰一結束，季羨林就輾轉回到闊別 10 年之久的中國。經陳寅恪推薦，他成為北大的副教授。過了一週的光景，他竟然又被聘為正教授，並兼任東方語言文學系主任。當時他很高興，覺得這「大概也可以進入金氏世界紀錄了」。當時東方語言文學系的老師，包括季羨林在內，共 4 人，學生的數目還少於老師，是北大最小的系。

季羨林在北大的住處很特別，是在翠花衚衕裡。那是個很孤僻的院子，古樹林立，石碑縱橫。季羨林一個人獨居，平時客人也很少。季羨林很滿意這個住處，正好可以靜下來讀書和工作，不會有人來打擾。我

們總是很羨慕有些人能成為大師，卻不想他們是怎樣成為大師這個過程的。我們生活中和工作中常說，「沒事的時候打電話給我」，就這樣，我們在玩鬧中打發著時間。大師卻會說，沒事的時候別來打擾我，這就是差距，所以，我們只能做普通人了。

在北大校園裡，季羨林經常穿一身洗得發白的卡其布中山裝，圓口布鞋，出門時提著一個人造革舊書包。他說話和藹，總是面帶笑容。同他談話，如沐春風，絕不會感到緊張局促。有一個秋天，北大新學期開始了，一個外地來的學子揹著大包小包走進了校園，實在太累了，就把包放在路邊。這時正好一位老人走來，年輕學子就拜託老人替自己看一下包，自己輕裝去辦入學手續。老人爽快地答應。一個小時過去，學子歸來，老人還在盡職盡責地看守。謝過老人，兩人分別！幾天後是北大的開學典禮，這位年輕的學子驚訝地發現，那一天替自己看行李的老人正坐在主席臺上，一打聽才知道這個老人就是季羨林。20年後，季羨林回憶說，一個初到京城的窮學生全部財產只有一個鋪蓋，能將全部財產託付給素未平生的人，是對我最大的信任，對信任得認真對待。

文革時期，季羨林受到衝擊，他也曾下定決心離開人世。當時他把存的安眠藥片和水藏在口袋裡，正準備出門找個適當的場所時，被士氣高昂的紅衛兵堵在門口。這次批鬥，季羨林被打的遍體鱗傷，躺在地上站不起來，但是頭腦卻異常清醒。他突然頓悟了：原來一個人忍受打擊和折磨的能力，竟然是無限的。也就下定決心，無論如何要活下去。

沒幾天，季羨林看到難友朱光潛在被批鬥之餘偷偷鍛鍊身體，他很是驚異，覺得自己和朱光潛還存在精神上的差異，自己也應該執著於生命，執著於事業。為了適應無休無止的批鬥，他竟然想出每日在自家陽

臺上進行「批鬥鍛鍊」:「低頭彎腰,手不扶膝蓋,完全自覺自願地坐噴氣式」,「還在心裡數著數,來計算時間,必至眼花流淚為止」。

　　季羨林在文革期間,很想做點事情打發時間,他就想到翻譯《羅摩衍那》。在他的回憶錄中曾提到「最好選一種比較難的、相當長的、能曠日持久地進行的書來翻譯,這樣可以避免由於經常考慮這個問題而產生的困難尷尬的局面。我過去翻譯過幾本印度古典文學名著,曾被某一些左得幼稚可笑而又確實天真的人們稱作黑貨與毒品。現在再選擇也出不了這個範圍。我反正也不想出版,黑貨就黑貨、毒品就毒品吧。結果我就選中了《羅摩衍那》。」季羨林不敢把原著帶到工作的地方,當時他要值班,要發信件、接電話、當門衛。他只好每天把一小段原文抄錄在一張張小紙片上,上班之餘,反覆思考構思,打腹稿。身邊沒有人的時候,就趕緊偷偷寫下譯成的腹稿,下班後再回家把譯文謄寫下來。這是一個十分漫長的過程,粉碎「四人幫」後,季羨林的《羅摩衍那》漢譯本第一篇才得以完成出版。而他平生最艱鉅的兩部書,長達 80 萬字的《蔗糖史》和長達數十萬字的吐火羅文 A 方言(焉耆文)的《彌勒會見記劇本》的譯釋,都是在耄耋之年完成的。為了寫《蔗糖史》,在長達兩年的時間中,80 多歲的季老每天都要跑一趟圖書館,風雨無阻,「只要有一口氣就得工作」。

　　晚年的季羨林應邀到臺灣訪問,和學者暢談起老北大的故人舊事,期間聞聽了胡適生前對自己的讚譽。有一次,胡適在談到學術研究時感慨地說:「做學問,應該像北京大學的季羨林那樣。」季羨林聽罷他人的講述,百感交集,他想到胡適晚年還在關心著他的研究,知己之感,油然而生。同樣,季羨林也是以敢講真話而聞名的。早在西元 1986 年,他

就寫了〈為胡適說幾句話〉一文,震驚中國文壇。當時胡適還是個「反面教員」,談「胡」色變,無人敢涉足這一「禁區」。有朋友勸他不要寫這樣的文章,風險太大。季羨林認為,由於胡適在中國現代學術史上的重要地位,胡適的評價就不僅僅是一個人的評價,而是一件涉及到許多重大學術問題的大事。自己有必要站出來說話,把真相告訴大家,還胡適真面目。他的文章發表後,得到學術界的普遍肯定和響應,開啟了重新評論百年學術史的先河。

季羨林之所以被人尊重,不獨在其學問,其敢說真話,直抒己見,傳統士人之風骨,是知者仰慕他、讚佩他的關鍵。然則仰慕者固多,讚佩者固多,真心願意如季老這般,犧牲物欲去追求風骨者,怕是便不會如此之多。

隨著時間的流逝,老北大的名人日漸稀薄,季老也就成為碩果僅存的數位北大元老之一。在晚年,面對撲面而來的讚譽和褒獎,他謙虛的說:「我是北大教授,或者叫我東方學者,就足夠了⋯⋯我還是想再行一點雨、再著一點花的。」

面對讚譽和名利,季羨林顯得淡定從容,不為名所累,難能可貴。有些人因為放不下到手的權力和奉承,整天陶醉其中,忽略了家庭和親人;有些人因為放不下誘人的錢財,費盡心思利用各種機會大撈一把,結果作繭自縛;有些人熱衷於拍馬屁,丟掉人格的尊嚴,成為大家鄙夷的對象⋯⋯生命之舟載不動太多的物欲和虛榮,要想使之在抵達彼岸時不會中途擱淺或沉沒,就必須輕載,只取需要的東西,把那些應該放下的包袱果斷地放下。智者由於淡然看待得失,所以能在人生的路上走得更久更遠、更輝煌;而愚者貪圖名利,就像雄鷹把金子附在自己的背上,它飛不高,也飛不遠,有可能還會墜地而傷。

哲理：粉身碎骨渾不怕

—— 使人的精神新生的理論

哲理：粉身碎骨渾不怕──使人的精神新生的理論

不屈的鬥士魯迅

魯迅的高超之處在於嬉笑冷諷中暗藏玄機，溫和中透著睿智。他曾說，中國一向就少有失敗的英雄，少有韌性的反抗，少有敢單身鏖戰的武人，少有敢撫哭叛徒的弔客；見勝兆則紛紛聚集，見敗兆則紛紛逃亡。清朝末年，貌似強大的中國，卻任由敵人如入無人之境。可悲！可嘆！西元1907年，年輕的魯迅就批判「哀其不幸，怒其不爭」的麻木的國人，但時至今日，這樣的人仍然比比皆是。

某日，北大貼出了一張告示：下午在北大二院（理學院）有魯迅（西元1881～1936年）先生的演講，當天的報紙也刊出了這條消息。演講前，校內校外的學生烏壓壓擠滿了教室，還綿延到走廊和樹下。校方見狀，派人通知學生「演講改在三院（法學院）大禮堂舉行，那裡可以坐下一千多人」。通知的人在外面大喊了兩聲，這一來，外面的人反倒占了先機，呼啦啦地向三院跑去，裡面的人使出吃奶的勁擠出來，都想去搶個座位。場面頓時大亂，監視學生言行的便衣警察以為學生要鬧事，於是掏出警笛拚命吹。一時學生跑，警察也跟著跑，再加上笛聲大作，亂成一團。後來警察才明白，不過是一場搶座風波。由此可見，當年魯迅在學生和社會中的影響。

演講結束了，在學生們的喝采聲中，魯迅一邊被人群擁來擠去，一邊還詼諧地回答著學生們千奇百怪的問題。「大家都想瞻仰您的風範……」、「現在不行了，三十年前還可以。」、「先生準備在北平教書嗎？」、「不行，因為我一到北平就有人說魯迅捲土重來，所以我看還是

趕快捲土重去吧。要走了，大家盛意可感得很，還是請大家看文章吧，看文章不會挨擠……」魯迅這一次離開北大之後，再也沒有回來。

　　西元1917年，蔡元培出任北大校長後，他聘魯迅為北大講師。同年夏天，魯迅應蔡元培邀請，為北大設計校徽。校徽由三個人形組成「北大」兩個篆字。背向側坐在上的是兩名學生，下面的是一位老師，形象地表現出老師十分吃力的肩扛著學生。劉半農詼諧地稱它是「哭臉校徽」。但是，幾年後，這一標誌卻傳風靡全國，至今仍為北大的校徽標記。

　　每次魯迅上課，教室裡都坐滿了人，聽課的不僅有國文系的學生，還有許多其他系及校外的青年學生，甚至還有從外地趕來專門聽他的課。魯迅一出現，教室裡極大的喧鬧立刻安靜的只剩了呼吸的聲音。魯迅上課非常自然，既不滔滔不絕，也不大聲疾呼，而是從容不迫地一一道來，還經常穿插著一些典故。魯迅的課堂氣氛是輕鬆的，學生可以無拘無束地聽，而且還經常有師生之間的當堂對話。比如他講《紅樓夢》，講完了，順便提一個問題：「你們愛不愛林黛玉呀？」學生就七嘴八舌地說起來。一個調皮的學生反問道：「周先生，你愛不愛？」魯迅毫不猶豫地回答：「我不愛。」學生又問：「你為什麼不愛她？」、「我嫌她哭哭啼啼。」於是哄堂大笑起來。

　　魯迅上課中間是不休息的，講完之後，學生就圍著他，問各式各樣的問題。有一次學生問他：「你是作家，你寫作有什麼奧祕？」問了一大堆，最後魯迅一句話沒說，在黑板上寫了一個字「刪」。魯迅給出的這個字確實道出了文章的祕訣，我們很多時候就是懶得修改，文章一氣呵成，再也不肯用心刪改，所以我們的文章大多是流於形式的表面文章了。

哲理：粉身碎骨渾不怕—使人的精神新生的理論

魯迅在北大揚名，他在新文化運動中的作用十分大。他的《阿Q正傳》不單單以刻劃鄉下無賴漢為能事，其中實影射中華民族普遍的劣根性。《阿Q正傳》也不單單教人笑，其中實包蘊著一種嚴肅的意義。魯迅談到自己的小說時說：「我的取材，多采自病態社會的不幸的人們中，意思是在揭出病苦，引起療救的注意。」

魯迅曾經評價在新文化運動中與他並肩戰鬥的劉半農、陳獨秀和胡適的為人。他說：「假如將韜略比作一間倉庫罷，獨秀先生的是外面豎著一面大旗，大書道：內皆武器，來者小心！但那門卻是開著的，裡面有幾支槍，幾把刀，一目了然，用不著提防。適之先生是緊閉的關著門，門上黏一條小紙條道：內無兵器，請勿疑慮。這自然可以是真的，但有些人，至少是我這樣的人，有時總不免要側著頭想一想。半農卻是令人不覺其有武器的一個人。所以我佩服陳胡，卻親近半農。」

來北大授課之前，魯迅曾在北京教育部任小職員14年。對現實絕望的他整天喝酒、抽菸、熬夜、擺弄古文物麻醉自己。他的好友沈兼士在這個時候給他的友誼，極大地慰藉了其淒涼的心境，為他的生活增加了許多暖色。沈兼士很欣賞魯迅的道德文章，從魯迅身上學到許多優點和長處。魯迅曾經不無感慨地寫信給許廣平說：「南北統一後，『正人君子』們樹倒猢猻散，離開北平，而他們的衣缽卻沒有帶走，被先前和他們戰鬥的有些人拾去了。未改其原來面目者，據我所見，殆唯幼漁、兼士而已。」這裡所謂的「正人君子」就是現代評論派的胡適之、徐志摩、陳西瀅等人，「先前和他們戰鬥過的有些人」指的是錢玄同、周作人、劉半農等人。他們在五四運動後，思想倒退、保守、僵化，不顧人民死活，遠離政治，埋頭冷門學術，過著悠閒的名士生活。更令他不安的是，他的

弟弟最後竟和日本人走在了一起，只有他的老朋友沈兼士本色依然，深得魯迅信任。

魯迅是「最痛苦的中國人」，首先，他深刻的目光洞悉了中國民眾精神世界的愚昧麻木，而在心裡產生濃黑的絕望與悲涼。其次就是他在現實生活中的痛苦：家道中落，從小嘗盡人情冷暖；包辦婚姻，葬送大半生的幸福；體弱多病，終身被多種病痛糾纏。兄弟失和後，成為其畢生無法言說的深深隱痛。當日本侵華步步緊逼時，魯迅曾請人幫忙，婉轉地請周作人南下，對兄長的這份關懷，周作人卻毫無反應。

魯迅一生都在向惡勢力作戰，他隨時都做著躲避追捕或者犧牲的準備。孫伏園曾說：「魯迅先生的房中總只有床鋪、網籃、衣箱、書案這幾樣東西。萬一什麼時間要出走，他只要把鋪蓋一卷，網籃或衣箱任取一樣，就是登程的旅客了。他從來不夢想什麼是較為安適的生活。他雖是處在家庭中，過的生活卻完全是一個獨身者。」

魯迅愛書如狂。《魯迅日記》記載了從西元1912年到魯迅逝世的24年的書帳，他平生購置並保藏了9,600多冊書籍和6,900多張古文物拓片，共1.65萬件圖書。而這24年裡，魯迅平均收入的11.1%被專門用來購置圖書。魯迅寫稿向來煙不離手，離開煙靈感似乎就不在了。魯迅人瘦，以至於有人把他當作煙鬼。有一次，魯迅上街，碰到一煙鬼，冒冒然問魯迅：「特貨哪裡買的？」

魯迅的稿子最受讀者歡迎，向他約稿的人就很多。有一次，一個小氣的編輯按字數計算稿費時將標點除去，魯迅見狀很不滿。後該編輯又向魯迅索稿，魯迅精選一篇無標點稿送去，編輯者不能斷句讀，就請魯迅標註。魯迅說：「標點固須費事也，何不算稿費？」編輯從此以後再也

哲理：粉身碎骨渾不怕—使人的精神新生的理論

不除去標點了。

對這樣不道德的編輯魯迅會小小的懲罰一下，他對年輕人卻是十分愛護。廣州的一些進步青年創辦的「南中國」文學社，希望魯迅為他們的創刊號撰稿。魯迅說：「文章還是你們自己先寫好，我以後再寫，免得人說魯迅來到文州就找青年來為自己捧場了。」青年們說：「我們都是窮學生，如果刊物第一期銷路不好，就不一定有力量出第二期了。」魯迅風趣而又嚴肅地說：「要刊物銷路好也很容易，你們可以寫文章罵我，罵我的刊物也是銷路好的。」

離開北京後，魯迅在廈門大學擔任教授多年，校長林文慶經常剋扣辦學經費，刁難師生。某次，廈大的教授和研究院的負責人開會，林提出將經費削減一半，教授們紛紛反對。林文慶說：「學校的經費是有錢人給的。所以，只有有錢人，才有發言權！」他剛說完，魯迅就站起來，掏出兩個銀幣，「啪」的一聲放在桌子上，厲聲說：「我有錢，我也有發言權！」

西元1934年，國民黨北平市長下令禁止男女同學，男女同泳。魯迅先生聞聽這件事，對幾個青年朋友說：「男女不准同學、同泳，那男女一同呼吸空氣，淆亂乾坤，豈非比同學同泳更嚴重！袁良市長不如索性再下一道命令，今後男女出門，各戴一個防毒面具。既免空氣流通，又不拋頭露面。這樣；每個都是，喏！喏！……」說著，魯迅先生把頭微微後仰，用手模擬著防毒面具的管子，大家被魯迅先生的幽默動作逗得哈哈大笑。

西元1936年早春，魯迅因肺結核嚴重，體重降低到74公斤，史沫特萊（Agnes Smedley）請美國醫生為他檢查，醫生驚訝地發現，魯迅的

不屈的鬥士魯迅

肺病已有 20 年，10 年前就該在劫難逃，能活到現在實在是個「東方奇蹟」。魯迅自知時日不多時，便對許廣平口授遺囑：「忘記我，管自己生活，否則便是愚蠢。」魯迅逝世後，幾乎所有的中國著名作家都出席了葬禮。其棺木由 36 位政見不同的作家抬著，其靈柩上還覆蓋著一面旗幟，上面是沈鈞儒題寫的「民族魂」三個大字。那天，上海萬人空巷，自發的送葬隊伍綿延數公里。以至於巡捕房很緊張，怕出暴動，騎著高頭大馬，在兩邊押道。最後在送葬者悲愴的〈安息歌〉中，魯迅棺木沉入大地。

魯迅逝世次日，周作人有堂「六朝散文」的課，他沒有請假，而是夾著一本《顏氏家訓》緩緩走進教室。課堂上，周作人始終在講顏之推的〈兄弟〉篇。下課鈴聲響了，他收起書，對學生講：「對不起，下堂課我不能講了，因為我要到老太太那裡去！」這個時候，學生才看到他的臉色是幽暗的，眼圈是紅的，兄弟之情溢於言表。

曾經有一個《中學生》雜誌社向魯迅提出一個問題：「假如先生面前站著一個中學生，將對他講怎樣的話，作努力的方針？」魯迅回答道：「請先允許我回問你一句，我們現在有言論的自由麼？假如先生說『不』，那麼我知道一定也不會怪我不作聲的。假如先生竟以面前站著一個中學生之名，一定要逼我說一點，那麼，我說，第一步要努力爭取自由。」自由，是魯迅奮爭了一生的目標。他對舊思想神聖權威的無情批判，那種讓人久久不能忘卻的尖銳與深刻，大膽求索中那種捨身忘我、勇往直前的自由精神，其在反抗中的那種充滿歷史感的愛國情懷……這些都不是天天增長的 GDP 能夠換來的。

我們感受到了一種北大精神的存在，凡俗的我們好像也跟著感染到

哲理：粉身碎骨渾不怕──使人的精神新生的理論

了一種神祕的崇高與激動。隨著輝煌的展示一天天地過去，一種淡淡的失望卻悄悄地來到了我們心頭。

魯迅曾無情批判中國人的「看客」行為，揭露人們麻木不仁、置身事外的醜態。這種「看客」在當今社會處處可見，尤其是在職場中更是常見。許多年輕人對待工作就像一個「看客」，即使被聘任，也是身在曹營心在漢，不安心工作，而是抱著騎驢找馬的念頭。這些眼高手低的職場人，更多的是因為目前還處於一種職業規劃和發展的迷茫狀態，沒有明確自己適合哪類工作。隨著時代的發展，現在的年輕人更渴望的是自身價值的體現，想要找一份屬於自己的事業。要想獲得成功，就不能走馬看花，必須要有一個詳細的職業規劃，弄清楚自己擅長做什麼？喜歡做什麼？只有知己知彼，才能使自己的職業道路變得清晰、明朗。我們不要急於求成，臨淵羨魚，不如退而結網。選擇更好的發展空間本無可厚非，但總處在觀望狀態是不行的。莫做職場「看客」，要積極投入到工作中去，用實際行動來實現自己的目標。

愛讚美學生的沈兼士

　　中國人不習慣讚美別人，把對別人的讚美埋在心底，總是透過批評別人來「幫助別人成長」，其實這個想法是錯誤的，讚美比批評帶給別人的進步更大。讚美是人與人相處的最巧妙的方法。它是人際交往中最美的語言，它能讓說者增光，聽者得意。擁有讚美的習慣，生活變得充滿五彩陽光；得到讚美，世界變得更有光彩。在讚美他人的同時，獲得美好的人生。沈兼士雖然很少當面誇獎眾弟子，但是私下裡卻無比關愛他們，想盡一切辦法鼓勵、支持弟子的成長。

　　西元 1912 年，沈兼士（西元 1887～1947 年）受聘於北京大學。他講課時，總是閉著眼講，陶醉在他的文學天地裡。下課鈴聲響過，他才睜開眼睛，逕自走出教室。每講到學生表示不解時候，他常意外地問：「你們不懂？」言下之意大為不滿。而事實上，他講的內容，即使是讀過文字學、音韻學，甚至連《說文解字》也研究過的學生，也常聞所未聞。沈兼士總能獨闢蹊徑，講出與眾不同的觀點。

　　沈兼士曾與其兄沈士遠、沈尹默同在北大任教，有「北大三沈」之稱，為中國新詩倡導者一。課堂嚴厲的沈兼士很少當面誇獎學生，上他課的學生都戰戰兢兢的。一名當年的學生回憶，沈兼士教文字學，整整一個學期，幾乎沒說過哪個學生的好話，總是怪他們書讀得少，不思進取。以至有一天，這些學生聞知苛刻的沈兼士常常在教員室表揚他們，大家都不肯相信這是真的。時日久了，學生們也就了解他「面慈心軟」的作風，每次考試後，他總要把成績最好的學生名字，掛在嘴邊，和其他

哲理：粉身碎骨渾不怕──使人的精神新生的理論

教授談起來，也總是忍不住稱讚。

沈兼士桃李滿天下，愛生如子，在校園裡，無論走到哪裡，身旁總是圍著一群青年學生。他不但是一位可敬的老師，也是一位和藹可親的長者。若在集會、校刊、牆報中發現有才能的青年，他總是加以鼓勵、幫助，不遺餘力地提攜。不過，他又不想看到學生感激的表情，總作滿不在乎狀：「教師稱讚學生，不過為飯碗問題。」在他的學生柳存仁看來，北大的教授推崇優秀的學生，已是一種傳統。他記得，沈兼士當時，口裡屢屢提及大四學生周祖謨對於文字聲韻的精研。這種教授和學生之間平等的關係，「今天已不常見」。「當年北大的那些教授對於學生是很看得起的，對有才華的學生，更是備加愛護。」這種「得天下英才而教之的喜悅」，在老北大諸多傳統中，尤讓人稱道。

沈兼士「身材既高，風神瀟灑」，常穿一件藍布大褂，黑色直貢呢千層底便鞋，右臂夾著一個皮包，一身樸質而又文雅之氣。周祖謨回憶老師，「禮貌偉岸，而舉步輕微，行時道履飄逸，搖曳生姿，高邁神采，左右流轉」。這樣的仙風道骨氣息，難怪當年的學生如此擁護他。其實沈兼士在課堂上也不完全是板著面孔，這位瀟灑先生留下的印象，通常是態度平易，偶爾還會插科打諢，幽默感十足。一次，他上課點名，看到一名學生叫楊有家，隨即引《孟子》中「男子生而為之有室，女子生而為之有家」的句子，取笑道：「此乃女人名字。」大家聞之，爆笑課堂。

有一次，沈兼士為中文系一年級學生上課時，正興致勃勃地講課，忽然有人進來用點名冊點名。那人還把禮帽放在講臺上，沈兼士以為是特務，非常討厭，把那人的帽子摔到地上，又大聲說：「這是放帽子的地方？這是放東西的地方？」那人不好意思地拾起帽子戴上，然後面對

大家說：「沈先生太過分了！我以前還聽過他的課呢！」然後慢慢推開門恭敬地走了。原來這是註冊科的職員來抽查上課學生人數的。北大號召「自由研究」，不願聽本課的，也可以隨便自己回去研究。對剛進來的一年級新生要嚴些，但也是抽查點名，不一定抽查哪一班，以致有此誤會。

這一時期，沈兼士同魯迅過從甚密，兩個人書信往還，經常聚首，《魯迅日記》中曾多次提到沈兼士。魯迅後來幾次返京，都曾和沈兼士團聚，暢談國事。

西元1922年，沈兼士主持北京大學研究所國學門，他帶領學生及同仁將久積凌亂的故宮清代檔案整理出來，受到蔡元培先生的高度稱讚：「有功史學，夫豈淺鮮。」在整理清宮檔案時，沈兼士還做了一件功在千秋的大事──挽救了《四庫全書》。中國數千年文化的集大成之作《四庫全書》，是瑕不掩瑜的東方文明的典範，是與長城、大運河一樣為世界所矚目的中國古代三項偉大工程。文溯閣《四庫全書》是中國現存的《四庫全書》三部半中的一部，原保存在瀋陽故宮，後被袁世凱調運至故宮保和殿。已退位的清室廢帝傅儀以經濟困難為由，打算把《四庫全書》盜售給日本人，且議定售價120萬元。此事被沈兼士獲悉後，他立即致函民國教育部竭力反對。消息既出，全國震驚。迫於巨大的輿論壓力，清室盜售國寶的陰謀未得逞。抗日戰爭勝利後，被日本人掌控的《續修四庫全書總目提要》及有關圖書檔案，全部由中方代表沈兼士正式接受。國之瑰寶未流落異邦，沈兼士功高至偉。

西元1927年，瑞典人斯文・赫定組建所謂「中亞探險（遠征）隊」，欲前往新疆、甘肅等地考察。沈兼士得悉後，為防其肆意掠取中國歷史

哲理：粉身碎骨渾不怕──使人的精神新生的理論

文物，便以北京大學研究所國學門名義召集北京各學術團體討論此事，旋即致函外交部呼籲停發其護照，又致函沿途各省阻止調查進行。這一舉動迫使斯文·赫定親到北京大學造訪沈兼士，答應以不侵犯中國主權、採集文物在中國保存等為前提，召集中瑞聯合考察團前往考察。此事對中國考古學發展和保護西部文物影響極為深遠。

抗日戰爭爆發後，日軍占領了北京，北大也成為日軍重點監控、布防地區。沈兼士滯留北京，他在輔仁大學執教，與英千里、張懷等祕密組建「炎社」（後又改為「華北文教協會」）進行抗日鬥爭。沈兼士在北平淪陷時期曾發表不少文章，文末落款註明成稿時間和地點時往往有「打鬼節」、「除日」、「抗志齋」等字，表示出鮮明的愛憎立場。他這種有膽有識，不畏強暴的民族氣節，深為當時學術界人士所敬佩。當時，他的好友周作人接受日本人任命，出任北京大學校長，昔日紅樓，變成拘捕抗日分子的特務機關。沈兼士每提及此事，總是「以手指按桌上，一字一頓，語氣漸重」，對遇難學生的心疼，溢於言表。

沈兼士的女兒曾著文回憶：由於先父性剛烈，每談國事，不顧場合，必痛罵敵偽而後快，以此深為敵偽所忌。特務在跟蹤他之外，又在輔仁國文系派了幾名日本特務，以監視先父言行。這些日本特務，有的剃光頭，穿長袍，考入學校時用的是中國人的姓名，每人說一口流利的中國話。只是後來才漸漸被人知道他們是日本人。畢業時，國文系畢業生宴請全系教師。這幾個日本學生魚貫地向教師們逐一敬酒，唯獨不敬先父。先父回家說，「敵我分明，好得很。這也算是我們教書的一項成績吧，至少教會他們先分敵我再論師生嘛。」

由於不肯向日本人低頭，沈兼士的生活十分窘迫，他家境並不寬

裕，甚至每搬一次家，都不得不出售部分藏書以補貼租金。很多學生都記得視書如命的老先生賣書時那副可憐樣兒：一個下午，老先生在藏書的小屋找書出售，他一邊唸書名，家人一邊在外記下出售清單。有時候，一個書名說出來，過了會兒，又捨不得，再說勾掉。結果，最後一看，捨得賣的書，值不了幾個錢，只好把勾掉的書名再一個個寫上。當時，許多教書先生都有自用包車，而這位沈兼士教授，卻往往只是挾一個顏色黯淡的皮包，步行上課。課餘，深居簡出。他愛吃甜食點心，卻無錢購買，於是把面擀成薄片，切成小條，加糖用油炸代替，成為一幫師友們聚會打打牙祭的食物。窘迫如此，他也並未停止接濟學生，甚至參加祕密地下社團，出資聘請不肯為日軍做事的教授，並幫助流亡的青年。

　　沈兼士的行為和言論讓日本人很不舒服，他成為日偽在平津逮捕黑名單上的第一人。經朋友反覆勸說，他才於西元1942年12月16日微服潛出北平，輾轉至西安。困居西安時，沈兼士開始蓄鬚明志，放言淪陷區一日不光復，自己一日不剃鬚。當年冬月，他在胡宗南處遇到林語堂。他向曾同校執教的林語堂說，北大紅樓已成日本憲兵隊總部，北平青年學生常被捉來關在裡面，夜半遭嚴刑拷打之聲讓比鄰而居的他慘不忍聞，學校操場盡是學生纍纍白骨，而住在紅樓的周作人竟裝痴作聾，視若無睹。說到此時，兼士悲憤填膺竟淚流滿面。

　　氣節，對於沈兼士來說，是不可含糊的，在他的身上，展現的不僅是中國文人的傳統守節觀念，更是他為人師表的美德。沈兼士愛才、惜才，他絕不會將老師應該承擔的責任丟棄，透過言傳身教，他影響和帶動很多人投身革命。記得上小學的時候，學校裡為了鼓勵孩子們拾金不

哲理：粉身碎骨渾不怕—使人的精神新生的理論

昧的美德，會給撿到財物並主動交到學校的同學寫表揚信，並在校園廣播裡宣讀。可是哪兒有那麼多人成天丟錢丟東西啊！所以，一些小朋友寧可拿出一部分自己的零用錢，當成撿來的無主財產交上去，以獲取這個人前顯貴的機會。拋開道德層面上的誠實與欺騙暫且不論，對這些孩子來說，零用錢本來就沒多少，再周轉出一部分換些表揚，這恐怕也是咬碎了牙往肚子裡嚥吧，教育效果幾乎沒有，還助長了弄虛作假的習氣。

抗戰勝利後，沈兼士被政府任為教育部平津區特派員，負責接受敵偽文化教育機關。其後復任教輔仁、北大二校。沈兼士於西元1947年8月2日因腦溢血病逝於北平，葬於京西福田公墓。他逝世之日，家道相當淒涼，輔仁大學的學生只好為他的後事發起募捐。

沈兼士對學生們的些許進步往往不吝嗇讚美語言，能得到名師的指點和肯定，這對於年輕人來說是多麼大的一個鼓勵啊。從社會心理學角度來說，讚美也是一種有效的職場交往技巧，能有效地縮短人與人之間的人際心理距離。美國心理學家威廉·詹姆斯（William James）指出：「渴望被人賞識是人最基本的天性。」回想我們自己的成長經歷，誰沒有熱切地渴望過他人的讚美？既然渴望讚美是人的一種天性，那我們在工作中就應學習和掌握好這一職場智慧。然而在現實工作中，仍有相當多的人不習慣讚美別人，由於不善於讚美別人或得不到他人的讚美，從而使我們的工作缺乏許多美的愉快情緒體驗。如果我們經常去讚美別人，相信我們的人際關係會越來越好。有兩點要注意，讚美別人一要符合當時的場景，二要用詞得當。

史學名家顧頡剛

　　古今社會中，文人相輕司空見慣。有文人的地方，便有爭論，便有不服，便有辱罵，便有人身攻擊，甚至於反目成仇，可謂無所不取、無所不能、無所不敢，令人側目。文人生產的是精神產品，這個就無法量化，不能分清孰輕孰重。自古以來就有「文無第一，武無第二」的說法，要想徹底征服對方，就只能戰勝對方的不同觀點，而許多理論在某一特定時期，又沒有標準答案，所以，文人之間一旦發生爭鬥，其慘烈之狀，較之其他行業要凶猛的多。顧頡剛提出「層累地造成的中國古史」觀點時，猶如滾油中掉落幾滴冷水，頃刻間在學術界激起軒然大波。

　　顧頡剛（西元 1893～1980 年）上課時很少侃侃而談，除了發給學生大量數據外，大部分時間都在寫板書，通常寫滿三四黑板，下課的鈴聲也就響了。顧頡剛雖然旅居北京多年，卻仍然脫不了一口濃重的蘇州口音。他學問淵博，擅寫文章，但口才不佳，講課時常常前言不搭後語，所以上課時一般學生都不易聽懂。情急之下，他索性拿起粉筆在黑板上疾書，寫的速度倒很快也很清楚。他的板書內容卻是精心準備的讀書心得，很有見解，對學生很有啟發。時間一久，大家也就認可了他這種獨特的教學方法，覺得貨真價實，別具一格。

　　顧頡剛出生於文人世家，康熙皇帝下江南時看到顧頡剛祖先文風勁盛，特譽其為「江南第一讀書人家」。顧頡剛自幼便文采不凡，寫的一手好文章，對傳統四書五經頗有心得。

　　西元 1913 年 3 月，顧頡剛考入北京大學預科。同年冬天，他聽同學

哲理：粉身碎骨渾不怕──使人的精神新生的理論

毛子水說章太炎在白石橋講學，便一起冒著大雪去聽講座。顧頡剛一向自視甚高，自稱從蒙學到大學，接觸名師無數，沒有一個令他佩服，這次聽了章太炎的課卻大為折服。「覺得他的話既是淵博，又有系統，又有宗旨和批評，我從來沒有碰見過這樣的教師，我佩服極了。」可是毛子水卻對他說，這是章先生對初入門者講的最淺的學問，這一來顧頡剛對章太炎更是佩服得五體投地。因材施教，是老師的最高境界，也是學生的福氣，顧頡剛能在名師指點下重新梳理以往的知識體系，這對他的成長有著不可估量的作用。然而好景不長，由於章太炎反對孔教會，講學不到一個月，就被袁世凱關進了監獄。雖然師從章太炎的時間很短，但顧頡剛的收穫卻是巨大的，顧頡剛回憶說「從此以後，我在學問上已經認清了幾條大路，知道我要走哪一條路時是應當怎樣走去了」。

後來由於生請病假學，顧頡剛未能按時從預科畢業。西元 1916 年夏，顧頡剛以自修身分考入北大哲學系。大學二年級時，胡適從美國學成歸來任北大教授，為學生講授中國哲學史。他沒有沿襲傳統的方法，從唐虞夏商開始，而是直接從周宣王以後講起。胡適授課一反常規，開始許多人不以為然，但漸漸卻感到新鮮而有說服力，聽課的人越來越多。胡適的講課讓顧頡剛第一次領略到了西方先進的科學研究方法，開闊了視野，雖然胡適僅年長他兩三歲，卻對胡十分佩服，視為自己的導師。

歷史程序往往就有額外的插曲，一個不經意的舉動或許就成就了某些意料之外的事情。當時顧頡剛與學國文的傅斯年同住一室，經常交流心得，他對傅斯年說：「胡先生講得的確不差，他有眼光，有膽量，有斷制，確是一個有能力的歷史家。他的議論處處合於我的理性，都是我想

說而不知道怎樣說才好的。」他建議傅斯年去聽胡適的課。傅斯年本是黃侃的高足，對胡適本來不屑一顧，嘗試著聽了胡適的課後，對胡大為折服，從此成了胡適的信徒。從那以後，傅斯年緊隨胡適，為胡適立下汗馬功勞。如果沒有顧頡剛的慫恿，傅斯年又會向哪個方向發展呢？

西元 1920 年暑假，27 歲的顧頡剛從北大哲學系畢業，留校任圖書館編目員。次年 1 月，北大成立研究所，沈兼士和馬幼漁邀他擔任助教，並兼任《國學季刊》的編輯。他常與胡適、錢玄同等人書信來往，討論古史、偽書、偽事等問題，著手撰寫「古史辨」論文。顧頡剛當時接受這一工作，主要是出於兩方面的考慮：一是可以看書，從事研究工作；另外也可以藉此賺錢養家。這段時間，他潛心閱讀了羅振玉和王國維的著作，從羅王二人身上獲益良多。顧頡剛對王國維的崇敬可由一事看出。王國維向以忠於清室著稱，做過溥儀的老師，溥儀出走後，王國維便丟了飯碗，處於失業狀態。出於對王的尊敬，顧頡剛寫信給胡適，希望胡適能把王介紹到清華國學研究院。經過胡適的運動，王國維果然被請到了清華研究院，但王國維始終也不知道此乃顧頡剛之功。

西元 1922 年，顧頡剛為商務印書館編《中學本國史教科書》時，對堯舜禹的先後地位產生了疑問，因為他發現了一個規律性問題：這些傳說中的人物，越是出現得晚，排名反而越靠前。結合以前讀史及看戲過程中產生的種種類似疑問，顧頡剛得出一個大膽假設：「古史是層累地造成的，發生的次序和排列的系統恰是一個反背。」

同年 12 月，錢玄同寫了一封長信給顧頡剛，討論經部的辨偽問題。顧頡剛就此回了一封長信，除了討論錢信中的提到的問題之外，還把他一年來逐漸形成的有關古史的見解也寫在了裡面，希望得到錢的首肯。

哲理：粉身碎骨渾不怕——使人的精神新生的理論

但兩個月過去了，錢玄同音訊全無。有些著急的顧頡剛便把與錢在信中討論古史的一段文字發在了《讀書雜誌》第九期上，第一次公開提出「層累地造成的中國古史」說。沒想到，第十期就得到了錢玄同的公開回應，錢玄同表示完全贊成顧頡剛的古史觀。與此同時，劉楚賢、胡堇人等人則來信反駁，從而在史學界引發了一場曠日持久的論爭，這場論爭之激烈，完全不亞於一場革命，雖無刀光劍影，但也寒氣颼颼。

顧頡剛的「層累地造成的中國古史」說概括起來主要有三點：第一、時代愈後，傳說中的古史期愈長；第二、時代愈後，傳說中的中心人物愈放大；第三、我們在這一點上，即不能知道某一件事的真確的狀況，至少可以知道某一件事在傳說中的最早的狀況。

這一學術觀點的提出為顧頡剛贏得了巨大的名聲，顧的學術地位至此可謂一飛沖天。但找他麻煩的也大有人在，特別是來自學術圈以外的麻煩。有人要求查禁他編的《中學本國史教科書》教科書，還有人提議予以重罰。由於該教科書發行了大約160萬冊，以一本一元罰款計，要罰160萬。這筆天文數字，如果真的罰款，對商務館會是滅頂之災，完全可以讓商務館倒閉。商務總經理聽到這個消息後連忙直奔南京，找國民黨元老吳稚暉斡旋，最後才化險為夷。

從西元1926年《古史辨》第一冊出版，至西元1941年，共出了七冊，彙編350篇文章，計325萬字，是史學界一大盛事。《古史辨》的出版，正式奠定了顧頡剛作為古史辨派創始人的地位。在從北大畢業後不到6年的時間裡，顧頡剛從一個默默無名的助教一下子飛昇為研究教授，成了史學界一顆最閃亮的新星，這在當時是罕有其匹的。

顧頡剛作為一個史學家，享譽中外學術界，影響深遠。作為「古史

辨」派創始人和國學大師，顧頡剛一生與同時代許多名人學者過從甚密，有的關係非同一般，其中與魯迅的關係十分複雜。顧頡剛與魯迅之間真正的衝突發生在廈大共事期間，在此之前，兩人雖同在北京，並沒有多少直接的接觸。如果說兩人之間有什麼聯絡，顧頡剛至多是因為魯迅與胡適的論戰，間接受到一些波及。兩人在廈門大學成為同事之後。各種因素湊合到一起，衝突也就在所難免，最後竟發展到分道揚鑣甚至勢同水火的地步，這不僅是顧頡剛沒有想到的，大約也是魯迅始料未及的。魯迅聞之顧頡剛要來廈門大學，不滿的說「他來，我去」。顧頡剛後來在自傳中感慨地說：「我一生中第一次碰到的大釘子是魯迅對我過不去。」雖是他一家之言，卻足見此事對他影響之深。究其原因，可能是兩個人學術上的不愉快，再有就是職位和薪水的變化導致的不平衡所致。顧頡剛到廈門大學之後，職位和薪水都遠遠高於魯迅。

　　顧頡剛平時雖不苟言笑，卻也並不擺架子，對學生就像對待朋友，完全是平等交流，從不以名壓人。顧頡剛上課從不把自己的觀點直接灌輸給學生，而是給學生印發一堆數據，讓學生自己去研究判斷，自己下結論，他認為這樣對培養學生的獨立研究能力很有幫助。他考試也與眾不同，他不要求學生死記硬背，而是要求學生學會找數據，進行獨立的研究和思考，並鼓勵他們創新。考試時通常採用開卷的方式，讓學生把試卷帶回去做，但不許抄他的觀點，凡抄襲他觀點的試卷分數都極低，凡是提出自己見解的，即使是與他唱反調，只要能自圓其說，往往能得高分。他的目的就是要學生雞蛋裡挑骨頭。顧頡剛認為有的事可大題小做，但做學問要小題大做。他的學生徐文珊回憶說：「這雞蛋裡找骨頭的方法是我得自顧師的最得力的教育，一生享用不盡！」這種積極鍛鍊學生學術思考的方式的確好，但不是每一個教授敢輕易嘗試的，所以，顧

頡剛的教學還是比較前衛的。

顧頡剛愛才惜才是有口皆碑的。著名科學家錢偉長早年進清華物理系也得益於顧頡剛的大力幫助。西元 1931 年 9 月，錢偉長以優異成績考入清華，歷史國文成績優異，歷史更是考了個滿分，但物理數學考得很不理想，其中物理只考了 18 分。受他的叔叔錢穆影響，錢偉長報考的是歷史系。「九一八」事變爆發後，錢偉長想改學物理，走科學救國之路。一方面是物理系主任吳有訓堅絕不收這個物理低分考生，另一方面歷史系主任陳寅恪則在到處尋找這個歷史滿分的考生。顧頡剛四處聯絡，經過這樣一番努力，錢偉長終於如願以償進了物理系，後來在物理學界取得了舉世公認的成就。晚年錢偉長回憶起當年顧頡剛對他的幫助時，感激地說：「今天我之所以能從事科學工作，顧先生是幫了很大的忙的。」

抗戰前，學術界喜歡把有名望、地位高的教授稱為「老闆」，當時北平學術圈內有三個人被稱為老闆，一個是胡適，一個是傅斯年，還有一個就是顧頡剛。由此可見顧頡剛當時學術地位之高。與胡適和傅斯年相比，顧頡剛可以說是一個不諳世事的純粹的學者。受家學影響，顧頡剛讀書一向多而雜，但他讀書有一個特點，就是喜歡在書上加批註，並每每把讀書時的見解疑問等等心得寫成讀書筆記，一生共寫讀書筆記 200 多萬字，他的許多文章都是根據讀書筆記加工而成的。但他的研究和思考並不因為文章的發表而終止，常常是有了新的發現後不斷修改、完善，有時甚至完全推翻重來。1940 年代，顧頡剛在自己的寓所掛了一塊匾，上書「晚成堂」三個大字，以此鞭策自己。

成名給顧頡剛帶來了極大的榮譽，也給他造成了負擔。過多的社會活動對他後來的治學產生了負面影響，使他很難像以前一樣潛心研究，

為此他感到非常痛苦。西元 1948 年，他被推選為中央研究院人文組院士，同年 10 月，該院召開首屆院士大會，邀請他參加。對學者而言，這是一個極大的榮譽，也是許多人一輩子夢寐以求的事，但他卻拒絕出席，理由是「所欲有大於此者」。也許一般人會覺得有些不可思議，但這就是顧頡剛。

　　作為著名學者，顧頡剛對反駁他的不同意見表現出了少有的寬容，不僅能夠容忍不同的見解，而且還特別歡迎別人批評他的觀點，與他爭論。他在致傅斯年的信中說：「我所發表的文字，都是沒有論定的，有許多自己承認是臆想。」這等胸襟，沒幾人能有。我們常說世界上最寬廣的是胸懷，可以無所不容。職場中，有幸和胸懷寬廣的人在一起共事，是難得的快樂。職場是複雜的，我們不能指望身邊的人都是胸懷寬廣的人，我們要學會與各種人相處，理解人，寬恕人，適應環境，改造環境。要觀察和學習每一個人的長處，掌握他們的不足，以人之長，補己之短，以己之長，幫人之短，我們才能不斷進步。

哲理：粉身碎骨渾不怕─使人的精神新生的理論

絕不馮友蘭的天地境界

馬斯洛（Abraham Maslow）說：「我們時代的根本疾患是價值的淪喪……這種危險狀態比歷史上任何時候都嚴重。」生活的富足和社會的繁榮，科學技術的進步和文化教育的普及，民主政治的形成和真誠美好的願望，都沒有給人民帶來真正的友誼、寧靜和幸福，這主要是因為物質財富的追求越來越成為社會主流，而對精神價值的渴望卻一直未能獲得滿足。這個社會值得信仰和為之終身奉獻的東西太少了，人人都為物質財富的目標而奮鬥，一旦得到了，他們很快就會發現這種追求的虛幻性，進而陷入了精神崩潰的絕望。馮友蘭主張人生有四種境界，對人生價值做科學的研究，將價值研究轉向人性內部，使人生境界深深植根於人性現實的土壤。

馮友蘭（西元 1895～1990 年）在西南聯大教書時，頗有老子風範，留有長髯，身穿布袍，隱隱有仙家氣象，其本人則提倡人生哲學的多重境界。在西南聯大時期，一次，馮友蘭去授課，路遇金岳霖，金岳霖笑問：「芝生，到什麼境界了？」馮友蘭笑答：「到了天地境界了。」兩人大笑，擦身而過，各自去上課了。

金岳霖如此發問是有原因的，馮友蘭認為人生境界有四種：自然境界、功利境界、道德境界和天地境界。「這四種人生境界之中，自然境界、功利境界的人，是人現在就是的人；道德境界、天地境界的人，是人應該成為的人。前兩者是自然的產物，後兩者是精神的創造。自然境界最低，往上是功利境界，再往上是道德境界，最後是天地境界。它們

之所以如此,是由於自然境界,幾乎不需要覺解;功利境界、道德境界,需要較多的覺解;天地境界則需要最多的覺解。道德境界有道德價值,天地境界有超道德價值。」馮友蘭自評已到天地境界,不僅表明其心底無私天地寬的涵養,也展現出其學貫古今的大師風範。

西元 1915 年 9 月,20 歲的馮友蘭考入北京大學,開始接受較為系統的哲學深造。當時的北京大學,正是新文化運動的發源地,如火如荼的新文化運動,使馮友蘭思路大開,並且深受影響。在臨近畢業的最後一年,適逢胡適和梁漱溟二人先後來到北京大學任教。這兩個人都不是等閒之輩,一到北大,就將校園攪了個天翻地覆。一個是新文化運動的重要健將,並專以杜威實用主義哲學為旗幟,大肆鼓吹全盤西化論;另一個是宣稱「我此來除替釋迦牟尼、孔子發揮外,更不作旁的事」的東方文化派砥柱,專以復興中國文化為職志。這二位先生年輕氣盛,才姿英發,各據講壇,展開了一場東西方文化的大辯論。馮友蘭機緣巧合,置身其中,受益匪淺,對其以後研究中西方哲學,尤其是思考中西文化之關係啟迪甚深。

馮友蘭是位長壽冠軍,他的許多同學和老師在 1930、40 年代就離去了,他卻驕傲的活到西元 1990 年,比那些中途逝去的大師整整多活了半個世紀。也因為如此,他多次撰文回憶北大的多位同事,文字親切,給我們留下了許多寶貴的歷史數據,讓我們有機緣一睹當年名教授的風采。

馮友蘭在北大文科中國哲學門中當學生時,有一次偶然遇到蔡元培,這一會面對他影響至深。他回憶「有一天,我在一個穿堂門的過道中走過,蔡先生不知道有什麼事也坐在過道中。我從這位新校長身邊走

哲理：粉身碎骨渾不怕──使人的精神新生的理論

過，覺得他藹然仁者、慈祥誠懇的氣象，我心裡一陣舒服。我想這大概就是古人所說的春風化雨吧。蔡先生一句話也沒有說就使我受得了一次春風化雨之教，這就是不言之教，不言之教比什麼言都有效。」這一次相遇給馮友蘭帶來很大的啟示，當時他想，蔡先生以校長之尊，不要校長排場，也不擺校長架子。他一個人坐在那裡，仍然是一介寒儒，書生本色，雖在事務之中，而有超乎事務，肅然物外的氣象，這是一種很高的精神境界，也把馮友蘭吸引到這個境界的大門口。驚鴻一瞥勝過豪言萬千，我們教育界夢寐求之的言傳身教其實正如蔡元培先生所為，沒有浮誇，沒有做作，這是發自內心深處的氣場，讓接觸到的人如坐春風。

西元 1918 年 6 月，馮友蘭從北京大學畢業，回到開封。不久，「五四」運動爆發，並迅速波及全國。馮友蘭雖未及親臨，卻積極響應，並同幾位好友創辦一名為《心聲》的刊物。在他起草的發刊詞中明確指出：「本雜誌之宗旨，在輸入外界思潮，發表良心上之主張，以期打破社會上、教育上之老套，驚醒其迷夢，指示以前途之大路，而促其進」（〈三松堂自序〉）。進入 1920 年代，世界潮流霧起雲湧，風雲際會，蔚為壯觀，各種思想、流派之間展開了正面的交鋒和激烈的衝突，資本主義與共產主義進行著一場全面的較量。中國向何處去？中國文化的出路何在？諸如此類的問題以空前尖銳的形式被提出來，引起了廣泛的爭論，大家都在探索中尋求著答案。

站在歷史的交叉路口，馮友蘭對此類問題也進行了認真的思考與探索。正如他在後來的回憶中所說：「我從 1915 年一直到現在，60 多年間，寫了幾部書和不少的文章，所討論的問題，籠統一點說，就是以哲學史為中心的東西文化問題。我生在一個文化的矛盾和鬥爭的時期，怎樣理

解這個矛盾，怎樣處理這個鬥爭，以及我在這個鬥爭中何以自處，這一類的問題，是我所正面解決和回答的問題。」(《三松堂學術文集》自序)

縱觀馮友蘭一生的哲學史研究及哲學思想的演變過程，莫不是圍繞著中西文化問題這一中心來展開的。西元1931年和1934年，他的力作《中國哲學史》上下卷出版問世。該書是繼胡適《中國哲學史大綱》之後又一部具有廣泛影響的中國哲學史著作，代表了30年代中國哲學史研究的最高水準。此書後來還被馮的美國學生卜德(Derk Bodde)譯成英文，成為現今西方人系統了解中國哲學的為數不多的著作之一。在這部鉅著中，他自稱為「釋古派」而與胡適的「疑古派」相區別。他著力論證了儒家哲學在中國哲學史上的正統地位。這為他後來創立新理學思想體系累積了思想材料，作了必要的理論準備。

西元1934年，馮友蘭應邀出席了在布拉格召開的「第八次國際哲學會議」，並在大會上作了題為〈哲學在現代中國〉的學術報告。既然是研究哲學，對當時正盛行的馬列主義不能不視而不見。大會之後，馮友蘭又通過申請獲准訪問社會主義國家蘇聯。他懷著濃厚的興趣和探究事實真相的心理，踏上了這塊被譽為「革命搖籃」的土地。馮先生後來回憶當時的情況時說：「關於蘇聯革命後的情況，有人把它說成是天國樂園，有人把它說成是人間地獄，我想親自去看看究竟是個什麼樣子。」透過實地考察，他得出了如下結論：「蘇聯既不是人間地獄，也不是天國樂園，它不過是一個在變化中的人類社會，這種社會可能通向天國樂園，但眼前還不是。」〈三松堂自序〉)馮友蘭的這種評價是比較真實而不帶任何偏見的，當時蘇聯正在進行工業化建設，到處一副欣欣向榮的景象，但是許多矛盾和問題也充斥在其中，因此也不能說是天國樂園。馮友蘭還透

哲理：粉身碎骨渾不怕──使人的精神新生的理論

過橫向比較，上升到哲學層次，他得出了另外一種結論：封建社會「貴貴」，資本主義社會「尊富」，社會主義社會「尚賢」。

回國後，馮友蘭根據自己的所見所聞作了兩次正式演講。一次是漫談蘇聯見聞；另一次是以「秦漢歷史哲學」為題，提出了以歷史唯物主義的某些思想為基本要素的「新三統五德論」，集中論述了社會存在決定社會意識，社會意識反作用於社會存在的觀點，這次演講引起了官方的懷疑與不滿。馮友蘭被當做赤黨分子，住所和言行都受到監視。西元1935年10月底11月初，他竟被國民黨政府視作政治嫌疑犯予以逮捕、審訊。國民黨此舉引起全國譁然，人們紛紛提出抗議。迫於全國的民主勢力，馮友蘭在被關押、審查數天後，由於沒有證據，最後釋放了事。對於這次事件，「不屈的鬥士」魯迅曾在一封書信中憤然說到：「安分守己如馮友蘭，且要被逮，可以推知其他了。」這次事件對馮友蘭的觸動很大，但他並未因此與國民黨決裂，而是選擇了一心治學的道路，既然改變不了眾生相，那就先從自身做起吧！

西元1937年至1946年，是馮友蘭學術生涯的關鍵十年，其新理學體系即在此間成形。在西南聯大的時候，生活很清苦。大家都是聚在一起，有什麼吃什麼，邊吃飯邊聊天。有一次菜鹹的無法入口，馮友蘭笑說：「菜鹹有好處，可以使人不致多吃。」旁邊的聞一多用「我注六經」的口氣接著說：「鹹者，閑也。所以防閑人多吃也。」二人說的話充滿了哲學意味，讓學生們回味無窮。馮友蘭有個讀書的四句箴言，叫「精其選，解其言，知其意，明其理」。這樣的讀書方法簡單可行，對學生的影響是很大的。一本書、一篇文章，馮友蘭不是一個一個字的羅列，而是講解作者寫作的意義，這個意義要大於文章，大於文字，有些意是表達

絕不馮友蘭的天地境界

不出來的,需要自己的理解。這就有點上升到哲學高度了,大方向掌握了,不必拘泥於細節之處。

西元 1946 年,馮友蘭講授中國哲學史,並將講稿整理成《中國哲學簡史》,此書後由紐約麥克米倫公司出版。在美考察期間,馮友蘭深深感到:「我在國外講些中國的舊東西,自己也成了博物館裡的陳列品了,心裡很不是滋味。當時我想,還是得把自己的國家搞好。」西元 1947 年,馮友蘭毅然決然地返回了中國,自己實地體驗,以一個哲學家的眼光審視著這場驚天動地的國共戰爭。

他是北京大學第一個被揪出來的「反動資產階級」學術權威。在中共執政的 1950 年,哲學界就展開了對他的學術批判。後來的歷次反右運動中,馮友蘭都首當其衝。不但其思想被當作唯心主義的代表而屢遭批判,其人也被打成反動學術權威而成為批鬥的重點對象,身心倍受折磨。西元 1972 年,尼克森(Richard Milhous Nixon)訪華,因為馮友蘭在國外的名氣,他家被定為接待外賓訪問的開放戶時,才算過上比較正常的生活。

遇到那麼多的人生挫折,馮友蘭卻沒有放棄他的「天地境界」。他把自己做的事情是當做一個民族復興的文化傳承,從這個角度來看,所以他站得非常高。馮友蘭一生勤勉,著述宏富。畢生以復興中華傳統文化、宏揚儒家哲學思想為己任。如果說,他抗戰以前的治學旨趣在於整理研究中國傳統哲學,可稱其為哲學史家的話;那麼,抗戰爆發後,他運用西方哲學重新詮釋、闡發儒家思想,以作為復興中華民族之理論基礎。這一時期寫成的以《新理學》為核心的「貞元六書」構成了一套完整的新儒家哲學思想體系。它既是馮友蘭哲學思想成熟的象徵,也是他一

哲理：粉身碎骨渾不怕─使人的精神新生的理論

生治學的巔峰之作，並因此而奠定了他作為「現代新儒家」的地位，成為一位繼往開來，具有世界聲譽的大師。

馮友蘭的境界自然是十分高深的，也是慧眼獨具的。我們要想成功，就必須進入成功的光環下，就要多和有境界的人相處、學習。因為我們周圍人的品格決定了我們成功的速度和機率。舉例來說，如果我們常常同白手起家的創業者在一起，他點撥我們一句，我們也許會成為下一個企業家；但如果我們同小偷小摸的人在一起，他點撥我們一句，我們明天就有可能犯罪。身邊人的境界對我們的影響太大了，所以要想早日步入光輝殿堂，就要想辦法接近成功人的境界，與成功的人交往，保持身邊的人都是樂觀向上和積極進取的同事。

美學大師朱光潛

　　1950、1960年代，圍繞美的本質問題，中國學術界展開了一場大討論，形成了一些基本觀點。一是以高爾泰為代表的主觀論；二是以呂熒為代表的社會意識說；三是以蔡儀為代表的客觀典型論；四是以朱光潛為代表的客觀和主觀統一說；五是以李澤厚、劉綱紀等為代表的客觀社會說。回顧人類關於美的思想發展史可以看到，人們已經意識到美不是具有可感形態的個別具體事物，美是同個別具體事物相連繫的抽象事物，是個別具體事物具有的能夠引起人產生美感的效能和原因，是同人的生存發展需求、同功利或價值相連結的認識對象。但是由於受到以往哲學本體論和認知的限制，人們關於美的本質、美的定義、審美問題的觀點還存在一些缺陷和不足之處，還存在很大爭議。

　　西元1986年，朱光潛（西元1897～1986年）因為身體原因，已經不能自由行走。為了起居方便，家人讓他住在一樓，二樓是他的書房，但朱光潛已經很長時間沒去過了。有一天，家裡人都出去了。過了一些時候，當家裡人回來時，推開門就發現朱光潛趴在樓梯上，在艱難地向二樓爬。家裡人立即去抱他，想把他抱回床上，他卻拚命掙扎著不肯回到床上。家人費了好大力氣，才把他抱回了床上。家裡人問他為什麼要爬樓，他說有一篇文章的最後幾句重要的話沒有寫完，必須把它寫出來。幾天以後，朱老便逝世了……

　　對自己的作品負責任，正是如此執著的事業心，才使朱光潛多年來孜孜不倦地鑽研學術，終成一代美學大師。很多人都為自己沒能成功而

哲理：粉身碎骨渾不怕─使人的精神新生的理論

慨嘆，我想說的是，對於自己的事業，你的熱愛有多深？你會像朱光潛這樣執著於自己的事業嗎？

朱光潛是個細膩隨和的人，學生到他家中，想要打掃庭院裡的層層落葉，他攔住了，「我好不容易才積到這麼厚，可以聽到雨聲」。他就是這樣樂觀的人，對生活充滿了熱愛。在「文革」時，朱光潛曾多次受到批鬥，他始終抱著這樣的態度，還悄悄地鍛鍊身體，以應對無休無止的批鬥。他的女兒回憶，「有時候，正吃著晚飯，抄家的人就來了，有些還是七八歲的孩子，闖進家門：『朱光潛，站起來，站著！老實交待！』有時候我看不下去，『你們讓他吃完飯不行嗎？』『不行，我們還沒有吃飯呢！』」朱光潛不想牽連家人陪著受批鬥，就按著命令列事。在這樣的艱苦條件下，朱光潛依然對未來充滿了信心。他無慾無求，在生活中保持著樂觀的情緒，不為外物所擾。他家的保母曾經說：朱先生在家裡，連那兩隻貓都敢欺負他。他有一個扶手椅，是寫作時坐的，那兩隻貓也經常去那上面休憩。有時候他過去，那兩隻貓也不躲閃，他揮著手：「走開！走開！」但那兩隻貓理也不理他。

朱光潛一生恬淡，一直在談美學，這種美是發自他的內心的，是流淌在心底的美，所以他在日常工作和生活中也呈現出美。現在許多影視作品導演、編劇以及書籍作者自以為在創作精神文明，或創作藝術，其實他們所做的勾當與精神文明和藝術毫不相干。文藝的創作和欣賞都要靠極銳敏的美醜鑑別力，沒有這種鑑別力就會有低階趣味，把壞的看成好的。這是一個極嚴重的毛病。朱光潛大師非常注重作品的美感，不僅是文字的優美，而且還包括作品豐富的內涵，給予人積極向上的啟迪。他多次批判文學作品中的低階、醜陋現象，為人們精神世界的貧乏感到

可惜。

　　朱光潛很早就說過，一個從事文學者如果入手就養成低階趣味，愈向前走就離文學的坦途大道愈遠。他認為文學教育第一件要事是養成高尚純正的趣味，這沒有捷徑，唯一的辦法是多多玩味第一流文藝傑作，在這些作品中把第一眼看去是平淡無奇的東西玩味出隱藏的妙蘊來，然後拿「通俗」的作品來比較，自然會見出優劣。優劣都由比較得來，一生都在喝壞酒，不會覺得酒的壞，喝過一些好酒以後，壞酒一進口就不對味，一切方面的趣味大抵如此。

　　對於文藝中的醜陋現象，朱光潛曾作出這樣分析和鞭撻：

　　「第一是無病呻吟，裝腔作勢。文藝必出於至性深情，但是沒有至性深情的人也常有出產作品的欲望，於是就只有裝腔作勢，或是取淺薄俗濫的情調加以過分的誇張。最壞的當然是裝腔作勢，心裡沒有那種感觸，卻裝著有那種感觸。」就如螢幕上所展現的，那些冠冕堂皇的「體恤民情、關心工人疾苦」的大老闆們在節日裡偽善的面容一樣，只是一種感天動地的表演，走出攝影機的鏡頭範圍立刻就趾高氣揚了。

　　「第二是憨皮臭臉，油腔滑調。取這種態度的作者大半拿文藝來逢場作戲，援『幽默』作護身符。本來文藝的起源近於遊戲，都是在人生世相的新鮮有趣上面流連，都是人類在精力富裕生氣洋溢時所發的自由活動，所以文藝都離不開幾分幽默。但是有些作者的幽默卻是以譁眾取寵來媚俗。」比如，春晚上一些讓人反感的小品，高喊讓人心靈「振奮」的口號，以摔跟頭、出洋相來贏得掌聲。

　　「第三是搖旗吶喊，黨同伐異。思想上只有是非，文藝上只有美醜。我們的去取好惡應該只有這一個標準。如果在文藝方面，我們有敵友的

哲理：粉身碎骨渾不怕─使人的精神新生的理論

分別，凡是對文藝持嚴肅純正的態度而確有成就者都應該是朋友，凡是利用文藝作其他企圖而作品表現低階趣味者都應該是仇敵。至於一個作者在學術、政治、宗教、區域、社會地位各方面是否和我相同，甚至於他和我是否在私人方面有恩怨關係，一律都在不應過問之列。」

「第四是道學冬烘，說教勸善。我們的道德意識天然地叫我們歡喜善的，美的，幸運的，歡樂的一方面，而厭惡惡的，醜的，災禍的，悲慘的一方面。但是文藝看人生，如阿諾德所說的，須是「鎮定的而且全面的」（Who saw life steadily and saw it whole），就不應單著眼到光明而閃避黑暗。站在高一層去看，相反的往往適以相成，造成人生世相的偉大莊嚴，一般人卻不容易站在高一層去看，在實際人生中儘管有缺陷，在文藝中他們卻希望這種缺陷能得到彌補。」

「第五是塗脂抹粉，賣弄風姿。文藝是一種表現而不是一種賣弄。表現的理想是文情並茂，「充實而有光輝」，雖經苦心雕琢，卻是天衣無縫，自然熨貼，不現勉強作為痕跡。一件完美的藝術品像一個大家閨秀，引人注目而卻不招邀人注目，舉止大方之中仍有她的貞靜幽閒，有她的高貴的身分。藝術和人一樣，有它的品格，我們常說某種藝術品高，某種藝術品低，品的高低固然可以在多方面見出，最重要的仍在作者的態度。」

朱老晚年對文藝的批評均不幸被他言中，我們看一看他指出的這些文藝上的低階趣味現象，再看一看我們的書店裡、銀幕上以及日常生活中，就可以知道朱老的洞察力和對中國文化的擔憂有多麼深刻。

當今最時髦的「穿越類」的題材作品已經氾濫到決堤的地步。一般人的錯誤就在把這一類故事不但看成文學作品，而且看成最好的文學作

品，廢寢忘食，每天陶醉其中，覺得滋味無窮。觀眾只需付出最簡單的思維就可以理解劇情，至於性格的描寫，心理的分析，情思與語言的融貫，人生世相的深刻了解，都全不去理會。這種低階趣味的表現在不嚴肅的影視作品中最普遍。

朱老深刻分析道：「文學的功用本來在表現人生，男女的愛情在人生中占極重要的位置，文學作品常用愛情的『母題』，本也無足深怪；一般讀者和觀眾愛好含有愛情的文學作品更無足深怪。不過我們必須明白一點重要的道理。愛情在文藝中只是一種題材，像其他題材一樣，本身只像生銅頑石，要過鎔煉雕琢，得到藝術形式，才能成為藝術作品。……但是事實上不幸得很，有許多號稱文藝創作者專在逢迎人類要滿足實際飢渴一個弱點，盡量在作品中刺激性慾，滿足性慾……這種低階趣味的表現在『血氣方剛』的男男女女中最為普遍。」

「如果只有黑幕而沒藝術，它所賴以打動讀者就是上文所說的那一點強烈的刺激。我們在作品中愛看殘酷、欺騙、卑汙的事蹟，猶如在實際人生中愛看這些事蹟一樣，所謂『隔岸觀火』，為的是滿足殘酷的劣根性。刑場上要處死犯人，不是常有許多人搶著去看麼？離開藝術而欣賞黑幕，心理和那是一樣的，這無疑地還是一種低階趣味。」

這種低階趣味的文藝創作，不但現在風靡一時，即使建國之前也很普遍。朱光潛就曾經親身驗證過。那還是在西元 1936 年初發生的事情，朱光潛在寫《文藝心理學》等專著的同時，又寫出一部清新淡然的《談美》小冊子。書店在出版時，將《談美》封面附註上「給青年的第十三封信」字樣。書上市之後，很受讀者歡迎。不久，上海書攤上便出現一本署名「朱光濳」，題目為「致青年」的書。一眼看去，姓名沒有差異，該

哲理：粉身碎骨渾不怕—使人的精神新生的理論

書也有一個副題：「給青年的十三封信」，比朱光潛的著作副題只少一個「第」字，封面設計也一摸一樣。

朱光潛覺得這種行為可笑，就給這位「朱光潸」寫了一封信。首先，他請朱光潸原諒，說是自己誤將此書認作自己的了。隨後，他將自己寫《給青年的十二封信》時的情形略作回溯，告訴「朱光潸」，人得坦坦白白、老老實實做人。否則就算一時得逞，也難免長久不被人戳穿，落得個不道德名。這封信的落款也頗有意思：「幾乎和你同姓同名的朋友」。信當然無法寄出，只好在《申報》上發表。當我們在市面上看到「金庸新著」、「康帥博」速食麵、「可日可樂」時，無不啼笑皆非，原來玩這樣的文字遊戲，早已有人為之了，至今還很有市場。

朱光潛對待文藝創作的態度是一如既往的，從他數十年的生涯中可以清楚地看到。對那種跟風炒作、混淆視聽的出版品十分痛恨，不過，這種跟風現象在當今卻愈演愈烈，朱老的擔憂成為現實中堂而皇之的現象。朱光潛還對利用文藝作宣傳工具一事極端懷疑。他並不反對宣傳，但是覺得用文藝作宣傳工具，作品既難成功，就難免得反結果，使人由厭惡宣傳所取的形式因而厭惡到所宣傳的主張。他深深感覺到「口號教條文學」在目前太流行，而中國新文學如果想有比較偉大的前途，就必須作家們多效忠於藝術本身。他們須感覺到自己的尊嚴，藝術的尊嚴以至於讀者的尊嚴；否則一味作應聲蟲，假文藝的美名，做吶喊的差役，無論從道德觀點看或從藝術觀點看，都是低階趣味的表現。

「藝術之為藝術，並不在所用的材料如何，而在取生糙的自然在情感與想像的爐火裡鎔煉一番，再雕琢成為一種超自然的意象世界。」從朱光潛大師的話裡，在看看當今的文壇和影視作品，我們多麼需要重現文藝

作品中真實的「美學」啊！也許，只有讀懂了朱光潛的話，才能真正醒悟中國的文化傳統，才能繼承和發展文化血脈。

朱光潛大師一生提倡「美學」，開啟了無數人發現美、讚賞美的心靈之窗。那麼，職場中也存在「美學」嗎？是的，在日常工作中，職場禮儀就是一種「美學」。從某種意義上說，職場禮儀是人際關係和諧發展的調節器，人們在交往時按禮儀規範去做，有助於加強人們之間互相尊重，建立友好合作的關係，緩和及避免不必要的矛盾和衝突。一般來說，人們受到尊重、禮遇、贊同和幫助就會產生吸引，形成友誼，反之會產生敵對、牴觸、反感，甚至憎惡的感受。職場禮儀有利於促使衝突各方保持冷靜，緩解已經激化的矛盾。如果我們都能夠遵守禮儀規範，按照禮儀規範約束自己，就容易使人際間感情得以溝通，建立起相互尊重、彼此信任、友好合作的關係，進而有利於事業的發展。

民初北大,那些大家的人生智慧:

哲言 × 哲學 × 哲人 × 哲理,從文人風采到現代思想,大師們的學術成就與生活哲理

| 主　　　編：張祥斌,閆哲美
| 發　行　人：黃振庭
| 出　版　者：崧燁文化事業有限公司
| 發　行　者：崧燁文化事業有限公司
| E ‑ m a i l：sonbookservice@gmail.com
| 粉　絲　頁：https://www.facebook.com/sonbookss/
| 網　　　址：https://sonbook.net/
| 地　　　址：台北市中正區重慶南路一段 61 號 8 樓
| 8F., No.61, Sec. 1, Chongqing S. Rd., Zhongzheng Dist., Taipei City 100, Taiwan

電　　　話:(02)2370-3310
傳　　　真:(02)2388-1990
印　　　刷:京峯數位服務有限公司
律師顧問:廣華律師事務所 張珮琦律師

-版權聲明-

本書版權為作者所有授權崧博出版事業有限公司獨家發行電子書及繁體書繁體字版。若有其他相關權利及授權需求請與本公司聯繫。

未經書面許可,不得複製、發行。

定　　價:299 元
發行日期:2024 年 10 月第一版
◎本書以 POD 印製
Design Assets from Freepik.com

國家圖書館出版品預行編目資料

民初北大,那些大家的人生智慧:哲言 × 哲學 × 哲人 × 哲理,從文人風采到現代思想,大師們的學術成就與生活哲理 / 張祥斌,閆哲美主編 . -- 第一版 . -- 臺北市:崧燁文化事業有限公司 , 2024.10
面;　公分
POD 版
ISBN 978-626-394-900-3(平裝)
1.CST: 傳記 2.CST: 中國
782.248　　　　　113014327

電子書購買

爽讀 APP　　　臉書